U0901409

中国满族图录丛书

满族碑石

八旗满洲卷

李林 主编

中

辽宁民族出版社

目录

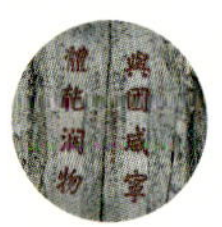

101. 特授王府长史法礼为光禄大夫诰封碑（碑阴为墓表）

法礼　民觉罗氏（伊尔根觉罗氏），满洲正蓝旗。世居穆溪地方。曾祖阿尔塔玺（什）率众归附努尔哈赤，以宗室女妻之。设置佐领，长子阿山统辖，官至都统。次子阿达海原系扎尔固齐，在十六大臣之列，即法礼祖父。父查他因战功晋升三等阿达哈哈番，世袭罔替。其五子法礼生于天聪九年（1635）。因世勋授多罗信郡王府三等护卫，旋升二等护卫，再升一等护卫，后任本府长史。康熙二十三年（1684），以覃恩诰授光禄大夫，妻郭罗洛氏诰封一品夫人。四十二年，去世，享年六十九岁。

法礼诰封碑　满汉文合璧，康熙二十三年（1684）制。原址在北京市朝阳区广渠门外大郊亭，今立于奥林匹克公园。

碑身

碑额　额题满汉文“诰命”。

碑身局部

碑阴碑身 汉文，康熙四十三年（1704）立。首题：皇清诰授光禄大夫王府长史加三级民觉罗公（即法礼）墓表。

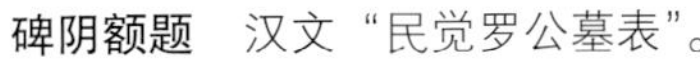

碑阴额题　汉文“民觉罗公墓表”。

碑阴碑额

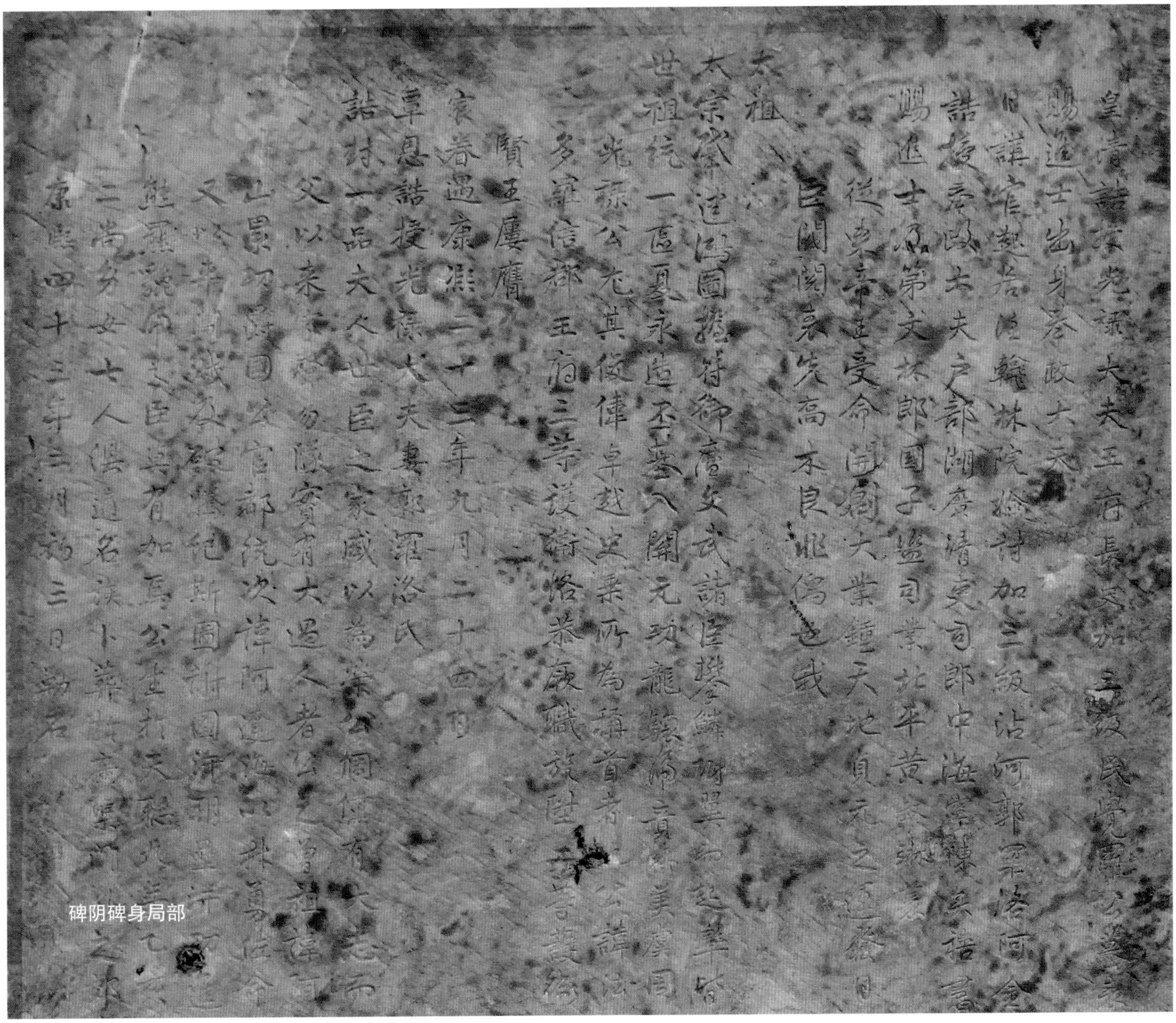

碑阴碑身局部

102. 萨布素之父诰赠光禄大夫黑龙江将军虽哈纳墓碑（碑阴为诰封墓碑）

萨布素　富察氏，满洲镶黄旗。曾祖父哈木都和祖父哈尔苏率部归附努尔哈赤，编入八旗，定居吉林地方。萨布素初任领催，后升骁骑校，再升协领。康熙十七年（1678），授宁古塔副都统。沙俄侵占雅克萨城，受命率兵巡视其形势。二十二年，为首任黑龙江将军。二十四年，与都统彭春收复雅克萨城。二十八年，参加中俄尼布楚条约谈判。三十一年，奏建齐齐哈尔城及伯都讷城。三十五年，参加平定噶尔丹叛乱。三十六年，回任。三十七年，以功授一等阿达哈哈番世职。四十年，以荒废之地报告不实等罪，被撤去官职与世职，在佐领上行走，授散秩大臣。不久去世。父因子贵，赠萨布素之父虽哈纳为光禄大夫、黑龙江将军，赐予诰命；母书木鲁氏为一品夫人。

虽哈纳墓碑　满汉文合璧，康熙二十三年（1684）立。原址在黑龙江省宁古塔城南三里，今存宁安市红城村。

碑身

碑阴碑身

额题　满汉文“诰封”。

碑额

碑阴碑身局部

103. 赠二等精奇尼哈番金布之父宋郭拖为光禄大夫母纳喇氏为一品夫人诰封碑

宋郭拖　兆佳氏，满洲正蓝旗。世居讷殷地方，其祖达珠瑚归附努尔哈赤，授骁骑校，设佐领使统之。宋郭拖是光禄大夫、二等精奇尼哈番、内大臣金布之父。父因子贵，赠为光禄大夫、二等精奇尼哈番，赐予诰命；封妻纳喇氏为一品太夫人。康熙二十四年（1685），后人为其勒石立碑。

宋郭拖及妻纳喇氏诰封碑　满汉文合璧，康熙二十四年（1685）立。原址在北京市朝阳区白庙村，今立于朝阳区元大都土城遗址公园。

碑身

碑额

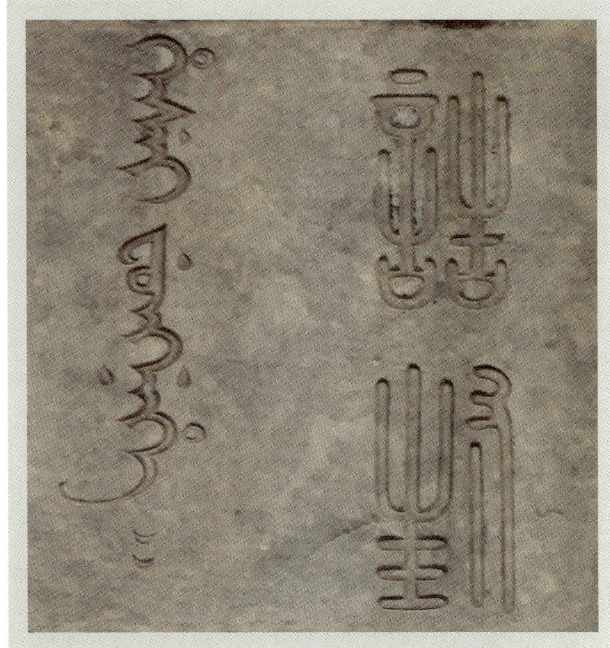

额题 满汉文“诰封”。

碑身局部（上）

碑身局部（中）

碑身局部（下）

104. 特授二等精奇尼哈番金布为光禄大夫封妻觉罗氏为一品夫人诰封碑

金布　亦写作晋布，兆佳氏，满洲正蓝旗。宋部拖之子。金布承袭伯父翁阿岱一等阿思哈尼哈番世职，其后升至二等精奇尼哈番、内大臣加三级。特授光禄大夫，赐予诰命；封妻觉罗氏为一品夫人。康熙二十四年（1685），后人为其勒石立碑。

金布及妻觉罗氏诰封碑　满汉文合璧，康熙二十四年（1685）立。原址在北京市朝阳区白庙村，今立于朝阳区元大都土城遗址公园。

额题 满汉文“诰封”。

碑额

宋郭拖（右）、金布（左）父子诰封碑

碑身局部（一）

碑身局部（二）

碑身局部（三）

碑身局部（四）

105. 巡抚直隶等处地方管辖紫荆等关宣府一镇地方密云等关隘赞理军务兼理粮饷都察院右副都御史格尔古德墓碑

格尔古德　钮祜禄氏，字宜亭，满洲镶蓝旗。自笔帖式升任内院副理事官。康熙三年（1664），从图海征湖广，镇压李自成农民军余部。其后任弘文院侍读、翰林院侍读学士、日讲起居注官。十三年，从安亲王岳乐征讨吴三桂。十九年，回京后任詹事、内阁学士。二十一年，任直隶巡抚，依法严惩旗人圈占民地。二十三年六月，朝臣公举清廉官，格尔古德为之首；同年七月，去世，时年四十四岁，谥号“文清”。

格尔古德墓碑　满汉文合璧，康熙二十四年（1685）立。原址在北京市丰台区菜户营，今碑阴朝上平卧在丰台区文物库。

碑阳局部（旧照）

碑座

碑额　碑阳额题满汉文“敕建”，碑阴无字。

格尔古德墓碑（旧照）

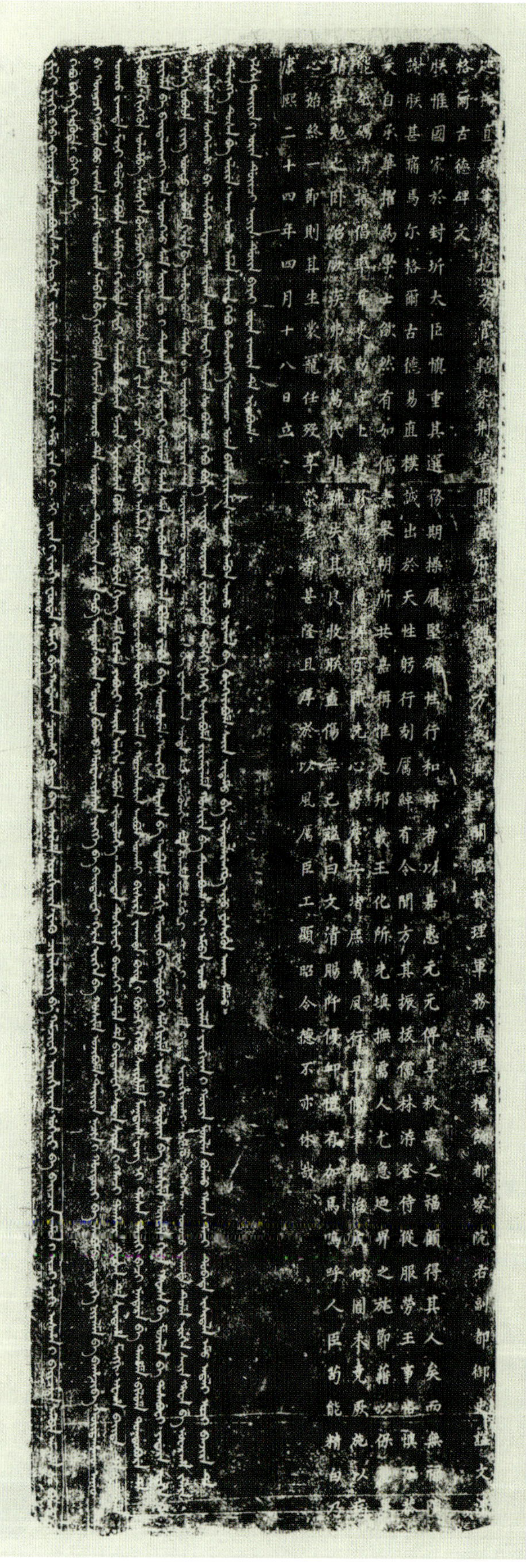

拓片 选自《北京图书馆藏中国历代石刻拓本汇编》，以下简称《拓本汇编》。

106. 佐领拜他喇布勒哈番护军统领佛科多谕祭碑

佛科多　亦写作佛科托，费莫氏，满洲镶红旗。先祖世居长白山布尔哈屯（又作布尔哈图）地方。祖父南济兰由乌拉率二十五人归附努尔哈赤，授予拜他喇布勒哈番，编佐领使统之。佛科托初任满洲镶红旗第三参领第七佐领，承袭拜他喇布勒哈番世职，又以军功加一拖沙喇哈番，后官至护军统领。

佛科多谕祭碑　满汉文合璧，康熙二十四年（1685）祭。今立于北京市石景山区鲁谷路74号院内。

碑身

额题　满汉文“敕赐”。

碑座

碑额

碑身局部

107. 光禄大夫副都统牙喀布神道碑

牙喀布　汉姓白。曾任副都统，诰封光禄大夫。康熙二十四年（1685），后人为其立碑。

牙喀布神道碑　满汉文合璧，康熙二十四年（1685）立。原址在辽宁省本溪市高新区边牛村，今存本溪市碑林。

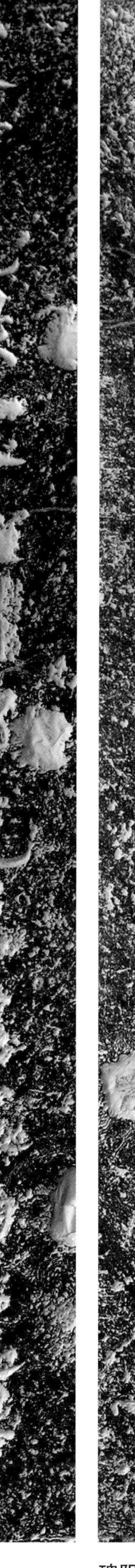

拓片　选自《本溪碑志》。

碑阴拓片　选自《本溪碑志》。

108. 四川巡抚都察院右副都御史杭爱墓碑

杭爱　章佳氏，满洲镶白旗。初授笔帖式，后任吏部郎中。康熙十一年（1672），授山西布政使。十二年，升任陕西巡抚。三藩之乱期间，奉命督饷。十四年，特授资政大夫，赐予诰命。十九年，调任四川巡抚，抚慰夔州诸路。二十年，招降建昌土司安泰宁。二十二年，去世，谥号“勤襄”。

杭爱墓碑　满汉文合璧，康熙二十四年（1685）立。今立于北京大学俄文楼前的竹林内。

碑身

碑额

额题 满汉文“敕建”。

碑座

碑身局部（一）

碑身局部（二）

碑身局部（三）

109. 四川巡抚都察院右副都御史杭爱谕祭碑（碑阴为诰封碑）

杭爱谕祭碑　满汉文合璧，康熙二十四年（1685）祭。今立于北京大学俄文楼前的竹林内。

碑身

碑身局部（一）

碑身局部（二）

碑额

额题 满汉文“谕祭”。

碑座

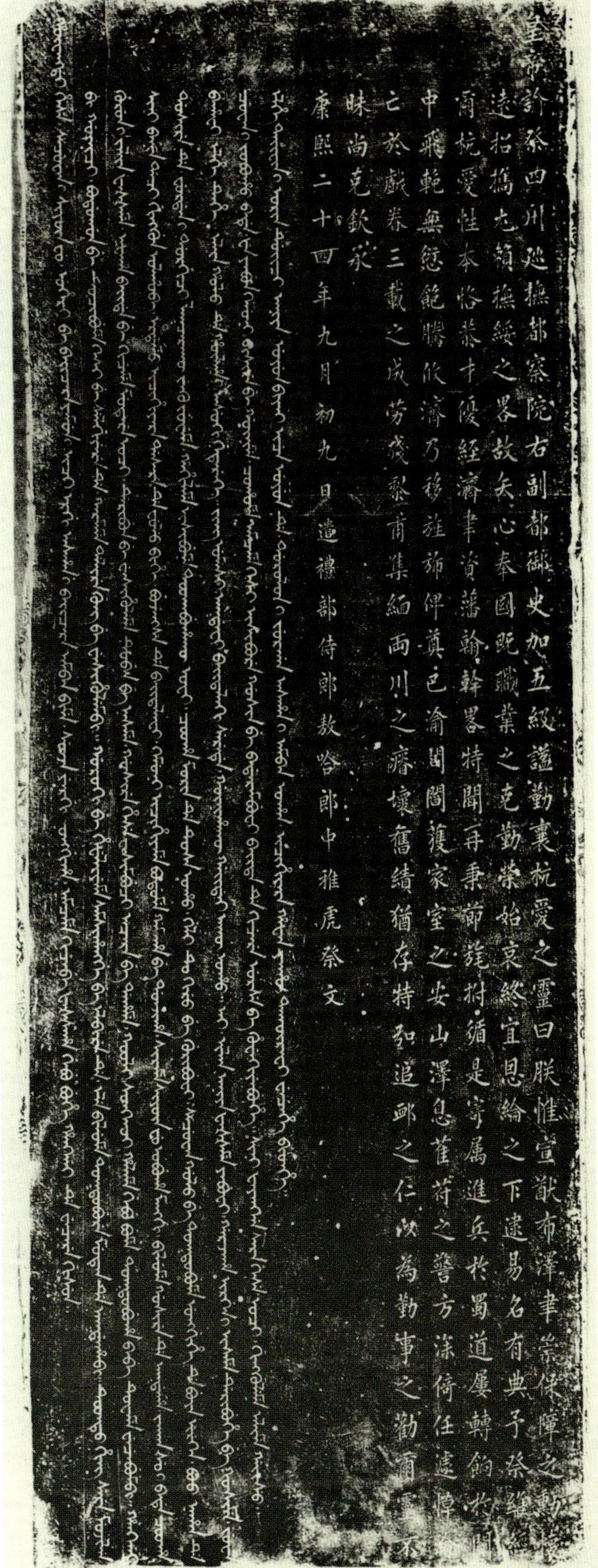

拓片 选自《拓本汇编》。

碑阴碑额

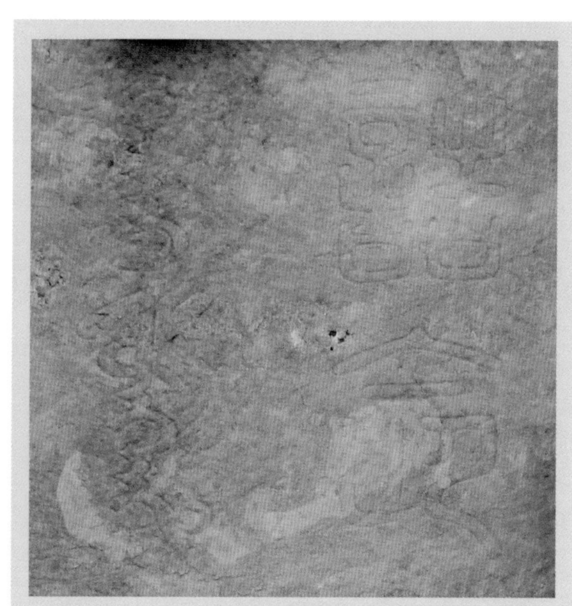

碑阴额题　满汉文“诰命”。

碑阴碑身

碑阴碑身局部（一）

碑阴碑身局部（二）

110. 大清国光禄大夫都统议政大臣一等阿达哈哈番跨渣墓碑

跨渣　亦写作夸扎，伊尔根觉罗氏，满洲镶黄旗。世居呼纳赫。曾祖父噶盖在努尔哈赤时为扎尔固齐；祖父武善在皇太极时列十六大臣，任工部参政；父布善在清太宗、顺治两朝时历任巴牙喇甲喇章京兼牛录额真、巴牙喇纛章京、牛录章京世职，列议政大臣。三代均为清初重臣。跨渣初袭世职，恩诏晋二等阿达哈哈番。顺治十七年（1660），授护军参领兼佐领。康熙十七年（1678），升任护军统领。十八年，任蒙古镶红旗都统。二十一年，去世。论功晋一等阿达哈哈番，诰封光禄大夫。

跨渣墓碑　满汉文合璧，康熙二十四年（1685）立。原址在北京市丰台区吉祥园小区北门，今存丰台区连山岗石刻园。

碑额

额题　满汉文“诰封”。

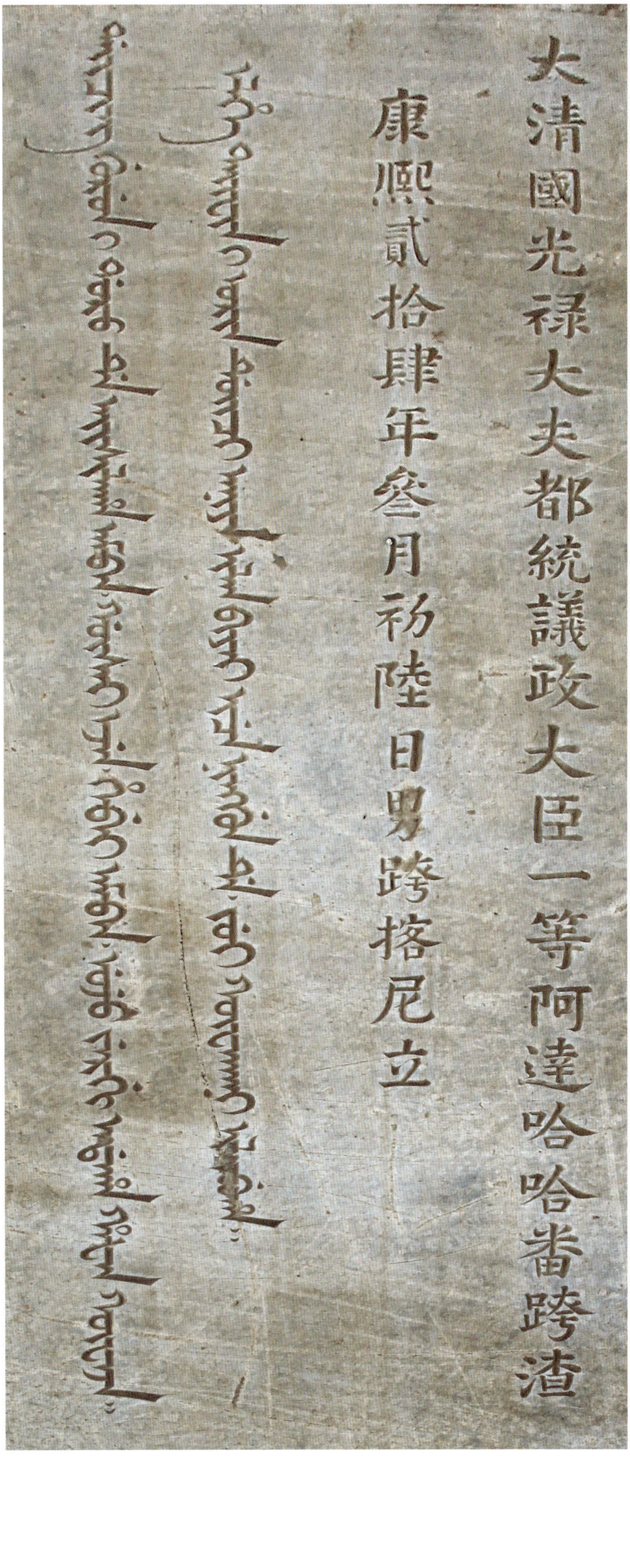

大清國光禄大夫都統議政大臣一等阿達哈哈番跨渣
康熙貳拾肆年叁月初陸日男跨搭尼立

碑身

111. 散秩大臣墨勒根下阿淑墓碑

阿淑　碑中记载，阿淑系侍卫出身，夙具干才，官至散秩大臣加三级，赐号“墨勒根”（又称墨尔根）。康熙二十五年（1686），去世，谥号“勤僖”。

阿淑墓碑　满汉文合璧，康熙二十五年（1686）立。原址在北京市东城区东四西大街东口路北十字路口，今存北京石刻艺术博物馆。

额题　满汉文“敕建”。

碑座

碑额

碑身局部

碑身

112. 特授刑部郎中二等阿达哈哈番佐领俄理为资政大夫封前妻佟佳氏为淑人继妻章佳氏为夫人诰封碑

俄理　原任刑部郎中兼佐领、二等阿达哈哈番世职。因其克承祖业，奉职有年，小心益励。以覃恩特授资政大夫，赐予诰命；以覃恩封前妻佟佳氏为淑人，继妻章佳氏为夫人。康熙二十六年（1687），后人为其立碑。

俄理及妻佟佳氏等诰封碑　满汉文合璧，康熙二十六年（1687）立。原址在北京市朝阳区双旗杆，今立于奥林匹克公园。

碑身

额题　满汉文“诰封”。

碑额

皇清誥封資政大夫刑部郎中二等阿達哈

皇清制曰褒忠表義昭代之良規崇德報功

才識淵宏懋延世之恩克承先業爲象賢

階資政大夫錫之誥命於戲恩推自近乃

制曰夙夜維勤人臣寧遑內顧伉儷無忝國

前妻佟佳氏克勤內德宜爾室家春良臣

咸欽爾有官箴閨閫而合好職思其內尚

制曰宜家無婦勞臣不免於顧內之憂繼室

理繼妻章佳氏嗣操壺政克相夫緝幃有

內則是嫻允無光於青史令儀不忒宜加

康熙二十[illegible]年十二月二十五日立

碑身局部

113. 特授织染局员外郎席图库为奉政大夫封妻王氏为宜人诰封碑

席图库　据碑中记载，初任七品笔帖式，后升任六品主事。康熙二十七年（1688），时任织染局员外郎，以覃恩特授奉政大夫，赐予诰命；封妻王氏为宜人。

席图库及妻王氏诰封碑　满汉文合璧，康熙二十七年（1688）制。原址在北京市朝阳区兴隆庄村，今立于朝阳区京通高速辅路北侧华润饭店西。

碑座

碑额　额题汉文“诰封”。

碑身局部（上）

碑身局部（中）

碑身局部（下）

114. 赠织染局员外郎席图库之父康邦图为奉政大夫母曹氏为宜人诰封碑

康邦图　织染局员外郎席图库之父。父因子贵，康熙二十七年（1688），以覃恩赠为奉政大夫、织染局员外郎，赐予诰命；赠妻曹氏为宜人。

康邦图及妻曹氏诰封碑　满汉文合璧，康熙二十七年（1688）制。今立于北京市朝阳区京通高速辅路席图库夫妇碑左侧。

碑身局部（一）

碑身局部（二）

额题　汉文“奉天诰命”。

碑额

席图库父母（左）与席图库夫妇（右）诰封碑

115. 赠山西等处承宣布政使司布政使布哈父塞赫为光禄大夫继母萨克达氏为一品夫人诰封碑

布哈　亦写作布喀，历任都察院监察御史、陕西按察使、山西布政使、光禄寺卿、大理寺卿、内阁学士。康熙三十年（1691），任甘肃巡抚。三十一年，改任陕西巡抚，不久被革职。塞赫，布哈之父。康熙二十年（1681），以覃恩赠为光禄大夫、都察院监察御史加十五级，赐予诰命；赠布哈继母萨克达氏为一品夫人。此碑是在布哈任山西布政使时所立。

布哈父母诰封碑碑阴碑身　满汉文合璧，康熙二十八年（1689）立。现碑阴朝上，碑阳朝下。据《拓本汇编》记载，该碑原址在北京市海淀区北太平庄小西门村，但今却存放在顺义区文物管理所，还需探查。

碑阴碑身局部（上）

碑阴碑身局部（中）

碑阴碑身局部（下）

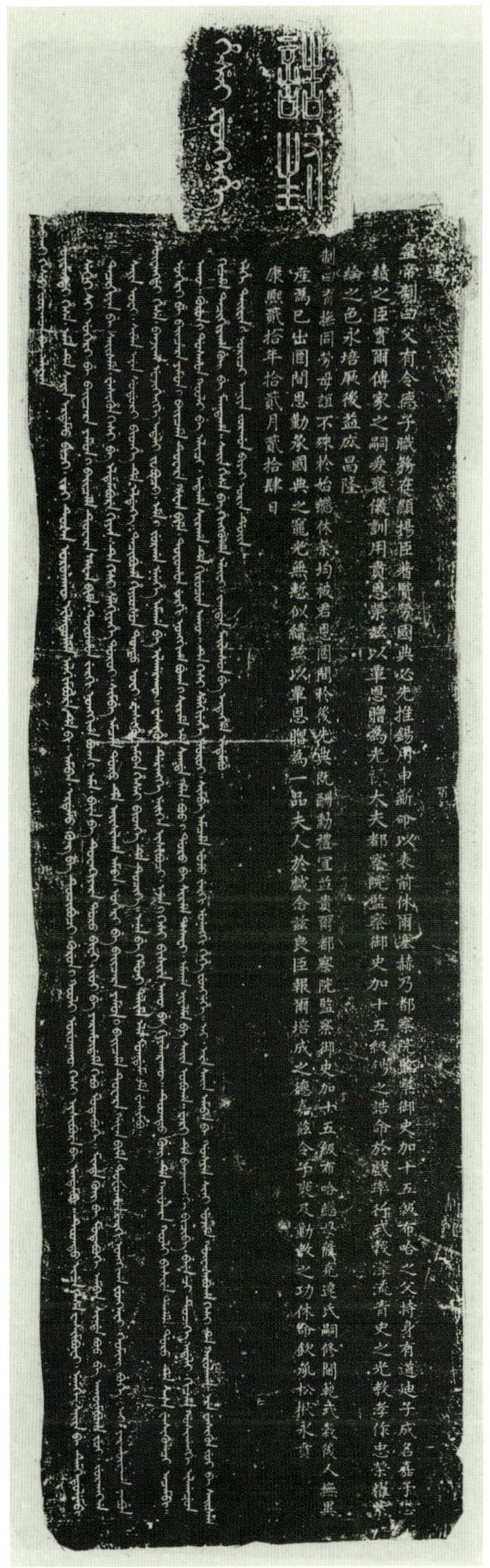

碑阳拓片　选自《拓本汇编》。

116. 特授二等阿达哈哈番农泰为资政大夫诰封碑

农泰　据碑中记载，初任因在二次出征湖广时，首先攻取保庆府城，授为拖沙喇哈番；二任拜他喇布勒哈番；三任拜他喇布勒哈番兼一拖沙喇哈番；四任三等阿达哈哈番；五任沧州城守尉；六任，因在征战湖广、江西、云南等处时，立有战功，授为二等阿达哈哈番，世袭罔替。特授为资政大夫，赐予诰命。康熙三十年（1691），妻富察氏为其立碑。

农泰诰封碑　满汉文合璧，康熙三十年（1691），妻富察氏立。原址在北京市朝阳区白庙村北，今存北京石刻艺术博物馆。

碑身

碑额

额题 满汉文“诰命”。

碑座

碑身局部（上）

碑身局部（中）

碑身局部（下）

117. 特授一等精奇尼哈番郭奇哈章京阿南达为光禄大夫诰封碑

阿南达　初任袭父一等阿思哈尼哈番又一拖沙喇哈番；二任加一级；三任加一级郭奇哈章京；四任袭兄拜他喇布勒哈番又一拖沙喇哈番，为一等精奇尼哈番、郭奇哈章京；五任一等精奇尼哈番、郭奇哈章京加一级。康熙十三年（1674），阿南达任图义章京，出征南方。十九年，在江西新口费园地方阵亡。曾以覃恩特授光禄大夫，赐予诰命。其子承袭一等精奇尼哈番又加一拖沙喇哈番，世袭罔替。

阿南达诰封碑　满汉文合璧，康熙三十二年（1693）立。今存北京市长椿寺。

碑身

碑额

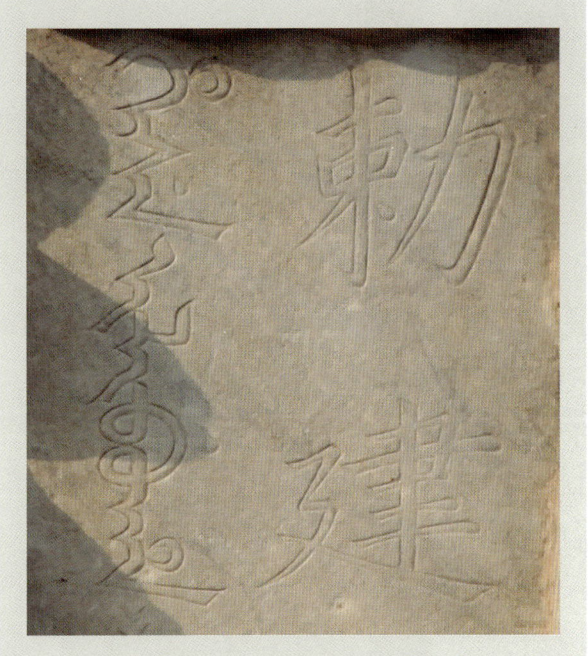

额题　满汉文“敕建”。

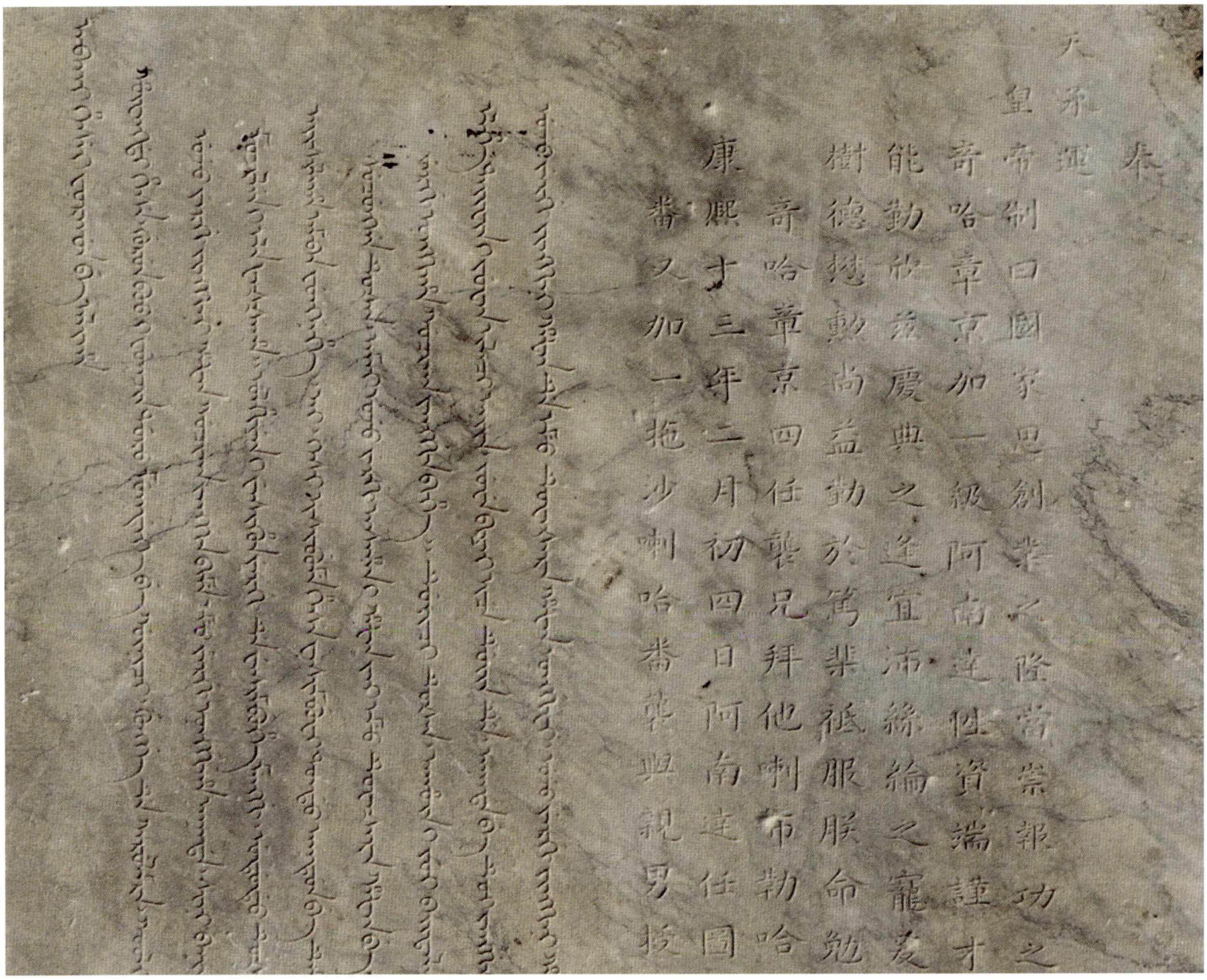

碑身局部

碑阴

碑阴碑身

118. 康熙帝赐总督川陕兵部尚书佛伦御笔诗碑

佛伦　舒穆禄氏，满洲正白旗。初任笔帖式。康熙十八年（1679），升任内阁学士兼经筵讲官。在平定吴三桂叛乱中授命总理滇黔川粮饷，事后调升刑部侍郎。其后历任兵部侍郎、左都御史，工部、刑部、户部尚书。后因治河事，被指与明珠结党营私，被撤职留任佐领，不久又授内务府总管。二十八年，补授山东巡抚。三十一年，出任川陕总督。三十二年，回任。三十三年，授礼部尚书。三十八年，授文渊阁大学士。三十九年，曾任总督时发给西安籽种银两不确查各官侵扣挪用诸弊，命以原品离职。四十年，去世。四十四年，康熙帝在上谕中对佛伦生前利用密奏诬陷同僚之事评价说："人之无耻未有如佛伦者。"

康熙帝赐佛伦御笔诗碑（中）　汉文，康熙三十二年（1693）立。今存陕西省西安市碑林。

碑身局部

印章　汉文“康熙御笔之宝”。

碑身

119. 特授拜他喇布勒哈番吴努春为通议大夫赠妻民觉罗氏封继妻董氏为淑人诰封碑（碑阴为墓碑）

吴努春　舒舒觉罗氏，满洲正黄旗，世居叶赫地方。初任武阶壮尼大，二任袭兄世职拜他喇布勒哈番，三任拜他喇布勒哈番加一级。康熙六年（1667），以覃恩特授通议大夫，赐予诰命；分别赠予吴努春之妻民觉罗氏，封继妻董氏为淑人。

吴努春及妻民觉罗氏等诰封碑　满汉文合璧，诰封文为康熙六年（1667）制。墓碑于康熙三十三年（1694）立。原址在北京市朝阳区龙王堂村，今立于奥林匹克公园。

碑额

额题　满汉文“诰封”。

碑座

碑身

碑身局部

碑阴碑身局部 满汉文合璧，因漫漶严重，汉文仅可见部分文字。

碑阴额题　满汉文“永世忠恩”。

碑阴碑额

朝阳贞石园　位于北京市奥林匹克公园。

120. 赠吏部尚书佐领科尔坤之父拜音柱为光禄大夫诰封碑

拜音柱　嘉穆湖地方伊尔根觉罗氏，满洲镶黄旗。其父穆奇纳噶哈归附努尔哈赤。康熙年间其子科尔坤任吏部尚书加三级兼佐领。父因子贵，康熙三十六年（1697），以覃恩赠拜音柱为光禄大夫、吏部尚书兼佐领，赐予诰命。

拜音柱诰封碑　满汉文合璧，康熙三十六年（1697）制。今立于北京市朝阳区西坝河光熙门北里十四号楼前。

额题　满汉文“诰封”。

碑座

碑额

碑身局部

碑身

121. 辽阳州城守尉能特重修温泉寺题名碑

能特　康熙三十七年（1698），时任辽阳州城守尉，任内为重修温泉寺捐资。

能特重修温泉寺题名碑　汉文，康熙三十七年（1698）立。今立于辽宁省本溪满族自治县温泉寺内。

碑额　额题汉文“温泉大寺”。

碑阴碑额　额题汉文“万古流芳”。

温泉寺大雄宝殿　能特重修温泉寺题名碑立于殿前左下方（左一），德录等重修温泉寺记碑（左二）。

碑身局部

碑阴碑身局部

122. 诰授中宪大夫永陵防御苏尔吉纳诰封碑

苏尔吉纳　满洲正白旗。其父尼喀里，原在京都任职。顺治八年（1651），由户部员外郎奉旨调任永陵掌关防官并管旗分事物。十五年，即任职八年后，其子苏尔吉纳承袭，任永陵防御。苏尔吉纳在任四十一年，因素具才干，恪尽职守，善驭属下，为职无过，给予防御加一级，诰授中宪大夫。康熙三十九年（1700），病故。子忱起承袭，任内有功。四十年，儿子、孙子、重孙为其立碑。

苏尔吉纳诰封碑　满汉文合璧，康熙四十年（1701）立。今立于辽宁省新宾满族自治县后堡村东山西坡。

碑额

额题　满汉文“大清”。

碑身

碑身局部（一）

碑身局部（二）

碑身局部（三）

碑身局部（四）

碑阴碑额

碑阴额题　满汉文“诰封”。

碑阴碑身

碑阴碑身局部

碑座

123. 一等侍卫乳父图克善墓碑

图克善　原为散员。因其妻保圣夫人瓜尔佳氏在宫中抚育年幼玄烨，“鞠养辛苦”，屡受恩眷。赐予一等侍卫、拜他喇布勒哈番加一级。康熙二十六年（1687），图克善去世。三十八年，瓜尔佳氏去世。四十一年，康熙帝为图克善撰文立碑。

图克善墓碑　满汉文合璧，康熙四十一年（1702）立。今立于河北省遵化市马兰峪河东村东北角。

额题 满汉文“敕建”。

碑座

碑额

碑身局部

碑身

124. 一等侍卫乳父图克善妻保圣夫人瓜尔佳氏墓碑

保圣夫人瓜尔佳氏　图克善之妻、康熙帝的保姆。由康熙帝祖母孝庄文皇后挑选入宫，在宫中侍候康熙帝衣食起居及预防疾病，达数十年之久。她“不负任使，克谨礼法，以善始终”。保圣夫人患病之时，康熙帝派遣御医送方送药，按时问疾。康熙三十八年（1699），瓜尔佳氏去世。康熙帝亲临哀悼，十分悲痛，封其为保圣夫人。四十年，为其撰文立碑，赞扬瓜尔佳氏的贤德。

保圣夫人瓜尔佳氏墓碑　满汉文合璧，康熙四十年（1701）立。今立于河北省遵化市马兰峪河东村东北角，图克善碑左侧。

碑额

额题 满汉文“敕建”。

碑身局部（上）

碑身局部（中）

碑身局部（下）

125. 议政大臣管侍卫内大臣兼总管满洲火器营事一等公佐领费扬古墓碑

费扬古　栋鄂氏，满洲正白旗。内大臣三等伯鄂硕之子。顺治二年（1645），出生。十五年，袭父三等伯爵。康熙十三年（1674），率兵征讨吴三桂，屡战皆捷。十八年，凯旋，因功升任领侍卫内大臣，列议政大臣。二十九年，随抚远大将军裕亲王福全出征，参赞军事，在乌兰布通击败噶尔丹。三十二年，为安北将军，驻归化。三十三年，前往图拉防御噶尔丹。三十四年，前往哈密设防，并授右卫将军，仍兼管归化城将军事；同年，授抚远大将军。三十五年，康熙帝亲征，三路出师，奉命出西路，诱噶尔丹至昭莫多，噶尔丹惨败逃走。回师后，奉命驻守科图。三十六年，再次随康熙帝亲征。回京后仍任领侍卫内大臣，晋一等公。四十年，去世，时年五十七岁，谥号“襄壮”。

费扬古墓碑　满汉文合璧，康熙四十一年（1702）立。原址在北京市朝阳区东坝驹子房村，今立于奥林匹克公园。

碑身

碑额

额题　满汉文“敕建”。

碑身局部（上）

126. 议政大臣管侍卫内大臣兼总管满洲火器营事一等公佐领费扬古谕祭碑

费扬古谕祭碑 碑阳为汉文，碑阴为满文，分别刻康熙四十年（1701）十月十五日、二十三日、二十九日、十一月七日谕祭文四道。原址在北京市朝阳区东坝驹子房村，今立于奥林匹克公园。

碑身

额题　汉文“谕祭”。

碑额

碑身局部（上）

碑阴碑身

碑阴额题 满文，汉译“谕祭”。

碑阴碑额

碑阴碑身局部

127. 皇清通议大夫拜他喇布勒哈番又一拖沙喇哈番陕西协领常保神道碑

常保　西林觉罗氏，号诚斋，满洲正蓝旗。世居汪秦地方，曾祖拉尔霸归附努尔哈赤。顺治八年(1651)，出生。其父雅思哈在顺治年间阵亡，赠拖沙喇哈番，母舒穆鲁氏封宜人。常保八岁袭爵。二十五岁时从征察哈尔布尔尼，在大卤地方两次击败敌兵。因功授为拜他喇布勒哈番加一级、通议大夫，封夫人纳喇氏为淑人；赠祖父母、父母分别为通议大夫和淑人。又从征噶尔丹于昭莫多地方，奋勇破敌有功，加一拖沙喇哈番，升任陕西协领。康熙三十七年（1698），去世，时年四十八岁。

常保神道碑　汉文，康熙四十一年（1702）立。今立于北京市朝阳区陈家林村，通惠河之北。

碑额

额题 汉文"皇清"。

拓片 选自《拓本汇编》。

碑身局部（一）

碑身局部（二）

128. 陕西巡抚鄂海题字碑

鄂海　温都氏，满洲镶白旗。祖先世居讷殷地方，后归附努尔哈赤，编入佐领，令其统之。自笔帖式升任内阁中书、宗人府郎中兼佐领。康熙三十二年（1693），康熙帝亲征噶尔丹，奉命赴宁夏储备牲畜。其后，历任陕西按察使、布政使、巡抚、湖广总督。五十二年，调任川陕总督，其间甘肃等地灾荒，安抚灾民，得以安定。五十七年，允禵率师征讨策妄阿喇布坦，驻兵西宁等地，鄂海筹集军饷，支援平叛。五十八年，请求免除甘肃拖欠的钱粮草束，得旨批准。六十年，奉命到吐鲁番种地效力。雍正元年（1723），以原品休致。三年，去世。

鄂海题字碑（中） 汉文，康熙四十一年（1702）书。今存陕西省西安碑林。

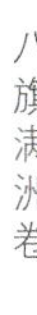

印章

碑身

129. 文华殿大学士兼吏部尚书致仕伊桑阿墓碑

伊桑阿　伊尔根觉罗氏，满洲正黄旗。先世世居瓦尔喀地方，祖父卓礼喀归附努尔哈赤。顺治年间进士，初任内阁学士。康熙十四年（1675），先后任礼部、户部侍郎。十六年，升任工部尚书，后调任户部尚书。吴三桂叛乱，奉命赴江南督造战船。二十一年，黄河决口，奉命往江南勘视河工兼筹海运；同年冬，沙俄入侵，奉命前往宁古塔督修战船。其后历任兵部、礼部尚书。二十七年，授文华殿大学士兼吏部尚书，任纂修三朝国史总裁。三十六年，从征噶尔丹，奉命前往宁夏设立驿站；事平任《平定朔漠方略》总裁官。四十一年，以病请退。次年，去世，享年六十六岁，谥号“文端”。

伊桑阿墓碑　满汉文合璧，康熙四十二年（1703）立。今立于北京市房山区皇后台村南。

碑身

碑额

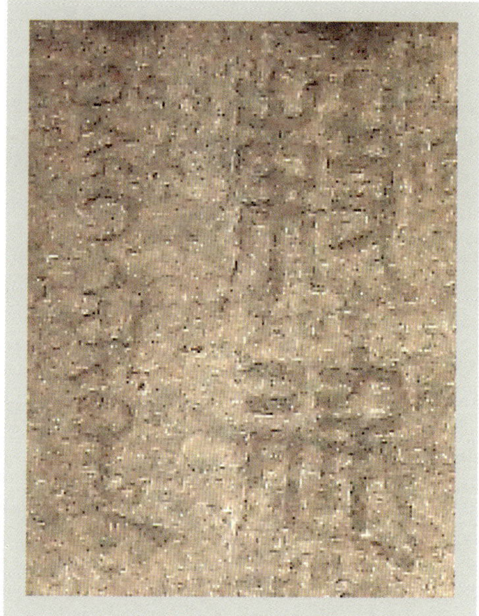

额题　满汉文“敕建”。

原任文華殿大學士兼吏部尚書加二級致仕謚文端

國家命官佐理特隆機務之司人臣宣力効忠尤賴老

吏部尚書加二級致仕謚文端伊桑阿有醇懿之資有

大學士受事之後益矢靖共宅心一本於和平處事彌

三至再時聞其奏對之久則命同列以扶持覘闕其疾

淪亡益增惻悼嗚呼表班聯而正色儀型尚著於黄扉

康熙四十二年七月十八日立

碑身局部（上）

碑身局部（中）

碑身局部（下）

华表

石狮

墓园石牌坊坊阴

墓园石牌坊

石牌坊坊额 坊额镌刻楷书“崇祀贤良”，垫板“大学士伊文端公之墓”。

130. 特授文华殿大学士兼吏部尚书佐领伊桑阿为光禄大夫诰封碑

伊桑阿诰封碑 满汉文合璧，康熙三十五年（1696）制。今立于北京市房山区皇后台村南。

碑身

碑额

额题 满汉文“诰封”。

碑座

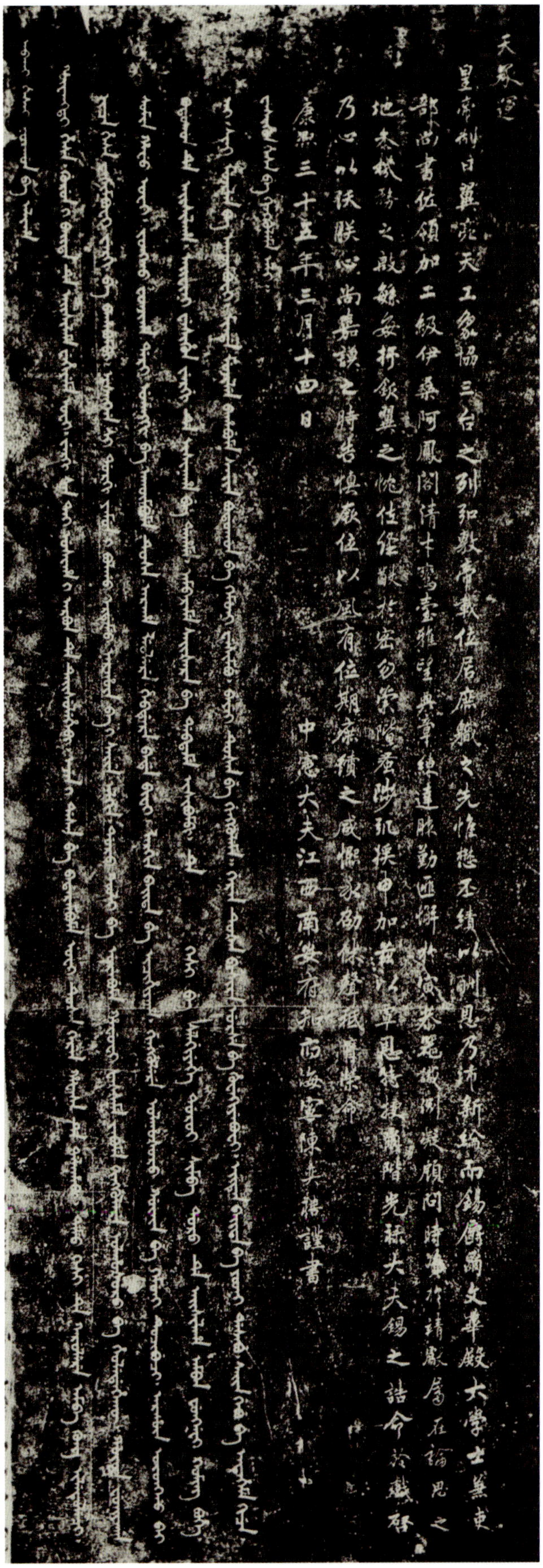

拓片

碑身局部

诰封碑（右）与谕祭碑（左）

131. 文华殿大学士兼吏部尚书致仕伊桑阿谕祭碑

伊桑阿谕祭碑 满汉文合璧，康熙四十二年（1703）祭。今立于北京市房山区皇后台村南。

碑身

碑额

额题 满汉文“敕建”。

碑身局部（上）

碑身局部（中）

碑身局部（下）

132. 诰授光禄大夫文渊阁大学士兼礼部尚书席哈纳墓碑

席哈纳　亦写作锡哈纳，讷殷富察氏，满洲镶白旗。曾祖艾星阿世居讷殷地方，后归附努尔哈赤。席哈纳举人出身，曾任满洲镶白旗第五参领第三佐领。康熙七年（1668），由郎中迁内国史院学士。八年，被革职。三十六年，以鸿胪寺卿兼太常寺卿改任内阁学士兼太常寺卿。其后，历任礼部右侍郎仍兼太常寺卿、礼部尚书、文渊阁大学士。四十二年，诰授光禄大夫。四十五年，任纂修玉牒馆副总裁官。四十七年，离任。

席哈纳墓碑　满汉文合璧，立碑年代不详。今立于北京市朝阳区东燕窝村东南部。

额题 满汉文“皇清”。

碑额

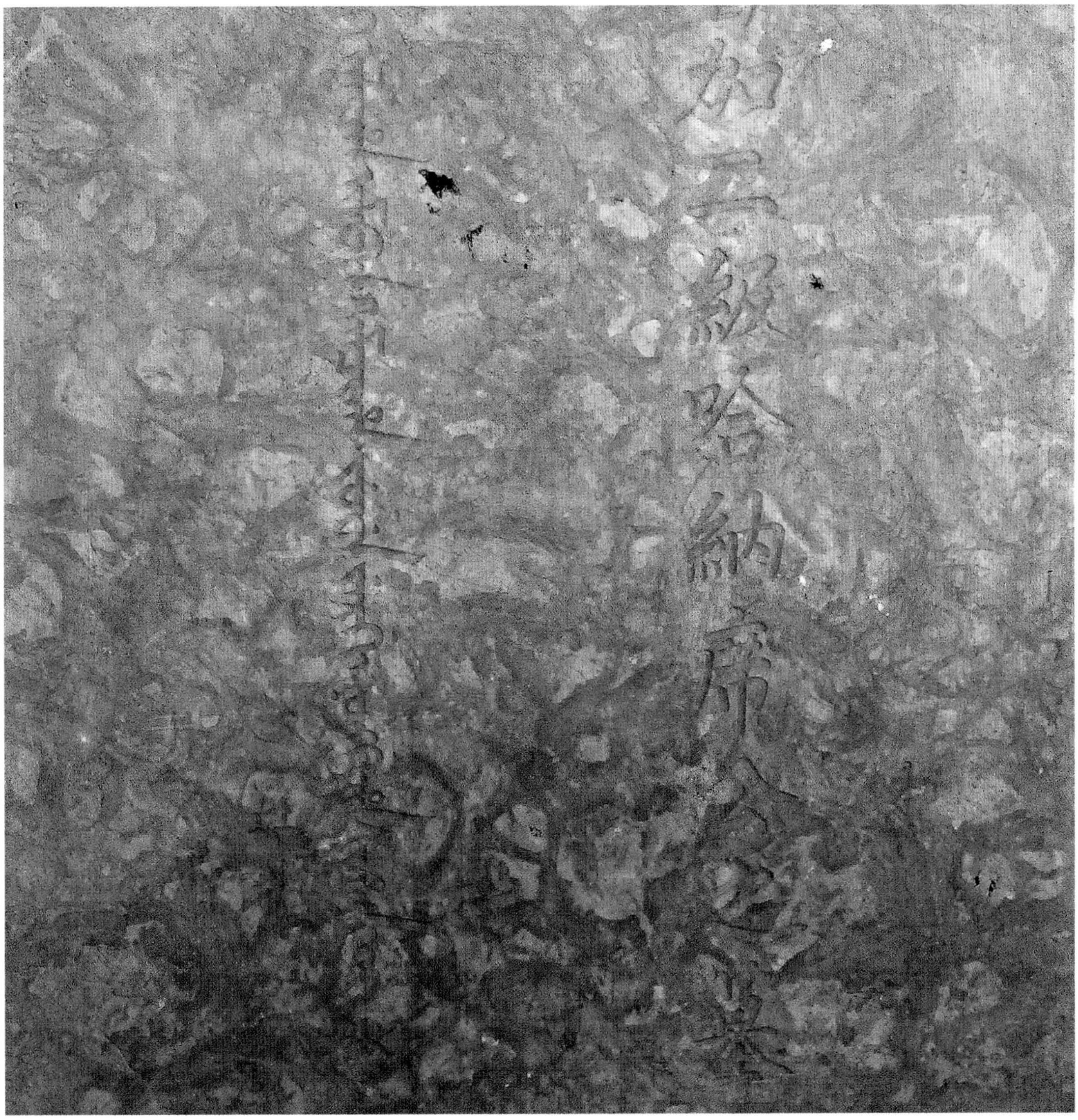

碑身局部

碑身

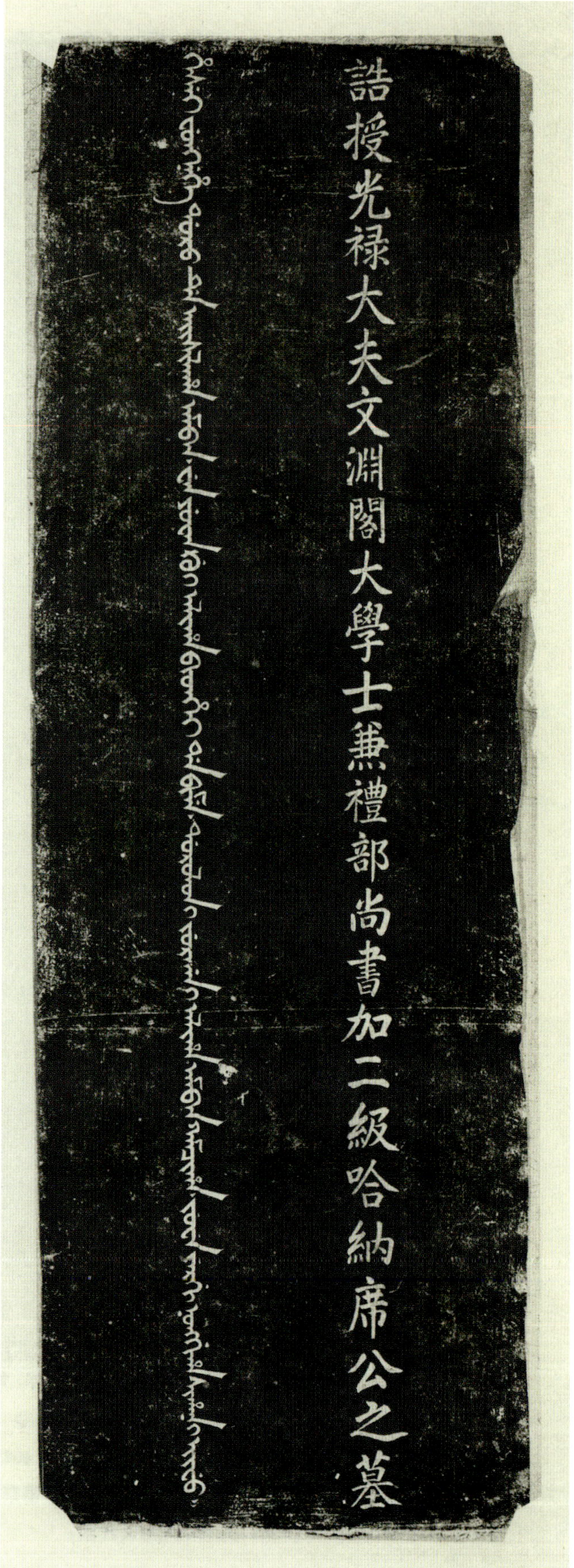

誥授光禄大夫文淵閣大學士兼禮部尚書加二級哈納席公之墓

拓片 选自《拓本汇编》。

133. 特授文渊阁大学士兼礼部尚书席哈纳为光禄大夫封妻黑什里氏为一品夫人诰封碑

席哈纳及妻黑什里氏诰封碑 满汉文合璧，康熙四十二年（1703）制。今立于北京市朝阳区东燕窝村东南部，距席哈纳墓碑西二十米。

碑额 难以辨认。

碑座

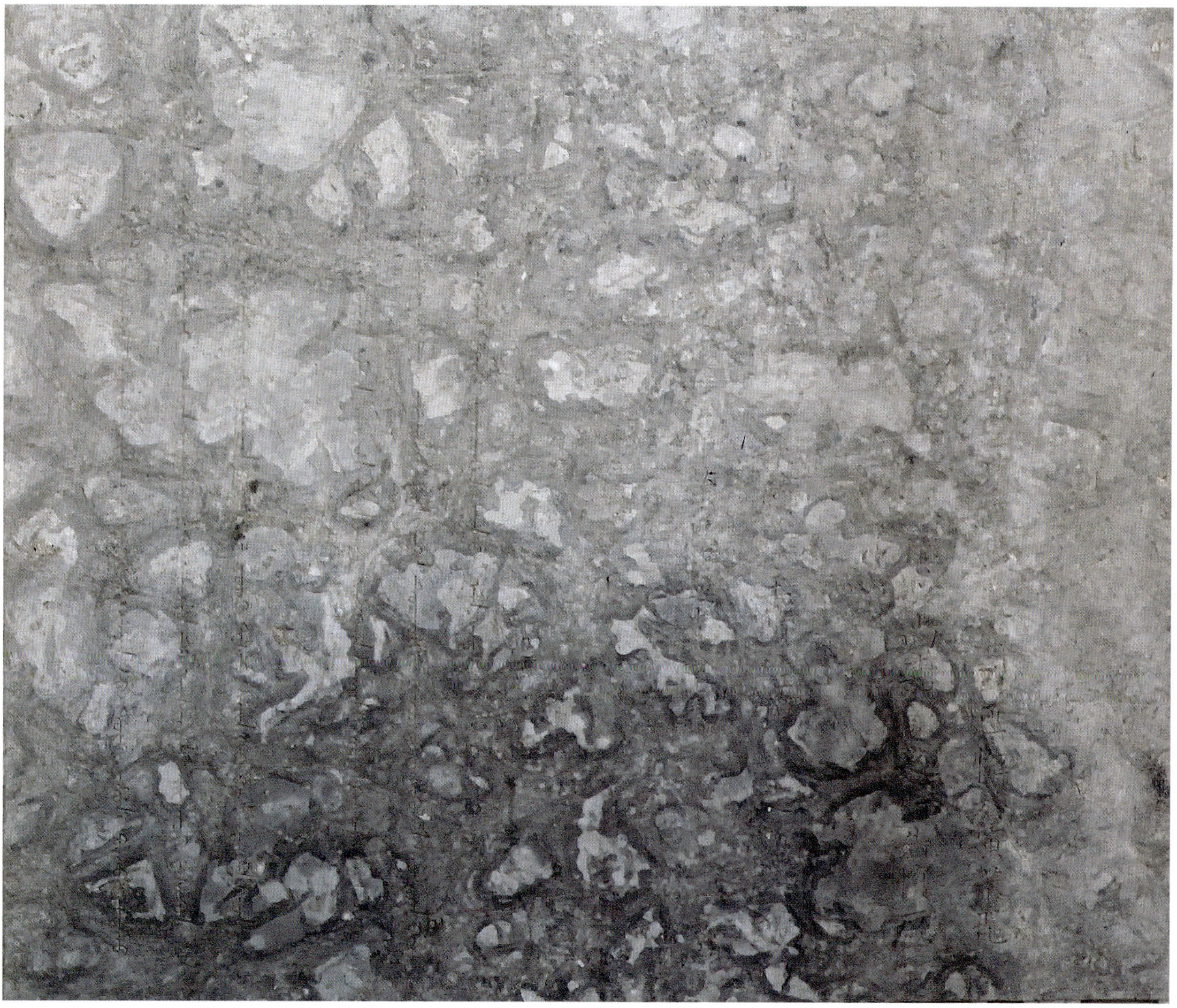

碑身局部 漫漶严重，仅能识别个别满汉文字。

拓片 选自《拓本汇编》。

134. 赠席哈纳之父纳琳为光禄大夫母傅查氏为一品夫人诰封碑

纳琳　讷殷富查氏，满洲镶白旗。祖父艾星阿，世居讷殷地方，后归附努尔哈赤。子席哈纳原任文渊阁大学士兼礼部尚书加二级。父因子贵，以覃恩赠光禄大夫、文渊阁大学士兼礼部尚书加二级，赐予诰命；赠妻傅查氏为一品夫人。

纳琳及妻傅查氏诰封碑　满汉文合璧，康熙四十二年（1703）制。原址在北京市朝阳区广渠门外原三意居，今立于奥林匹克公园。

碑身

碑额

额题　满汉文“诰封”。

碑座

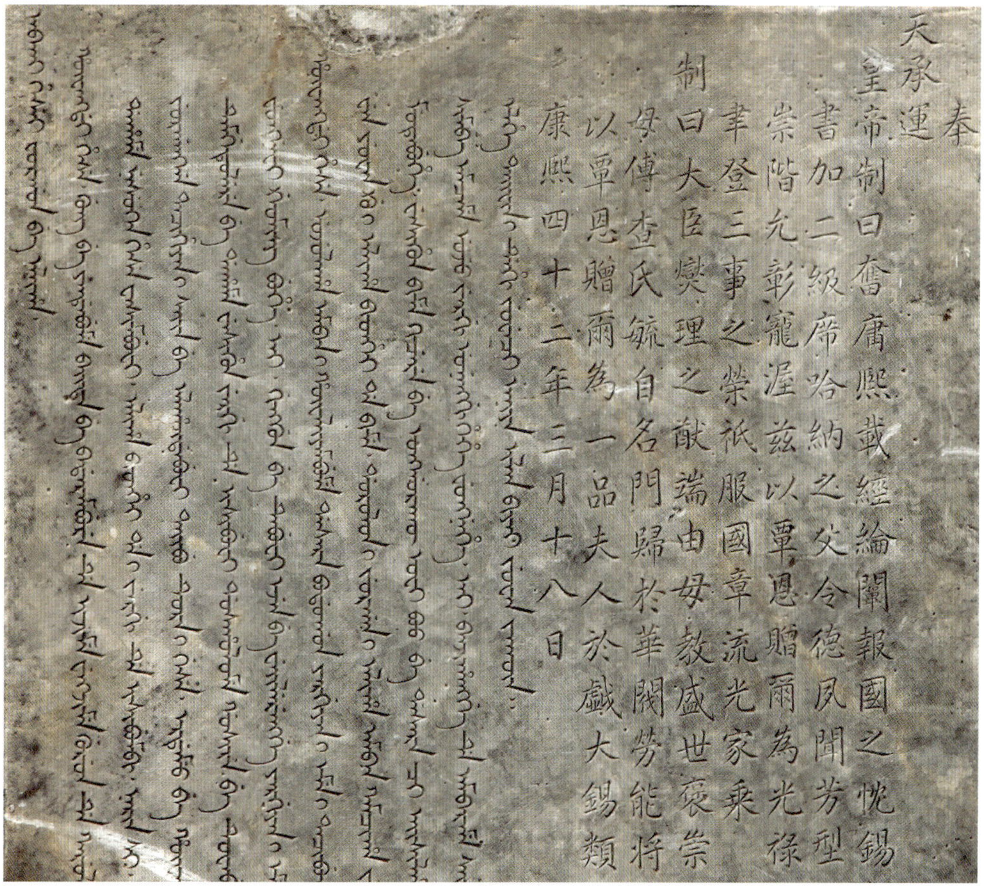

奉
天承運
皇帝制曰奮庸熙載經綸闡報國之忱錫
書加二級席哈納之父合德夙聞芳型
崇階允彰寵渥茲以覃恩贈爾為光祿
夫登三事之榮祗服國章流光家乘
制曰大臣爕理之猷端由母教盛世褒崇
母傅查氏毓自名門歸於華閥勞能將
以覃恩贈爾為一品夫人於戲大錫類
康熙四十二年三月十八日

碑身局部（上）

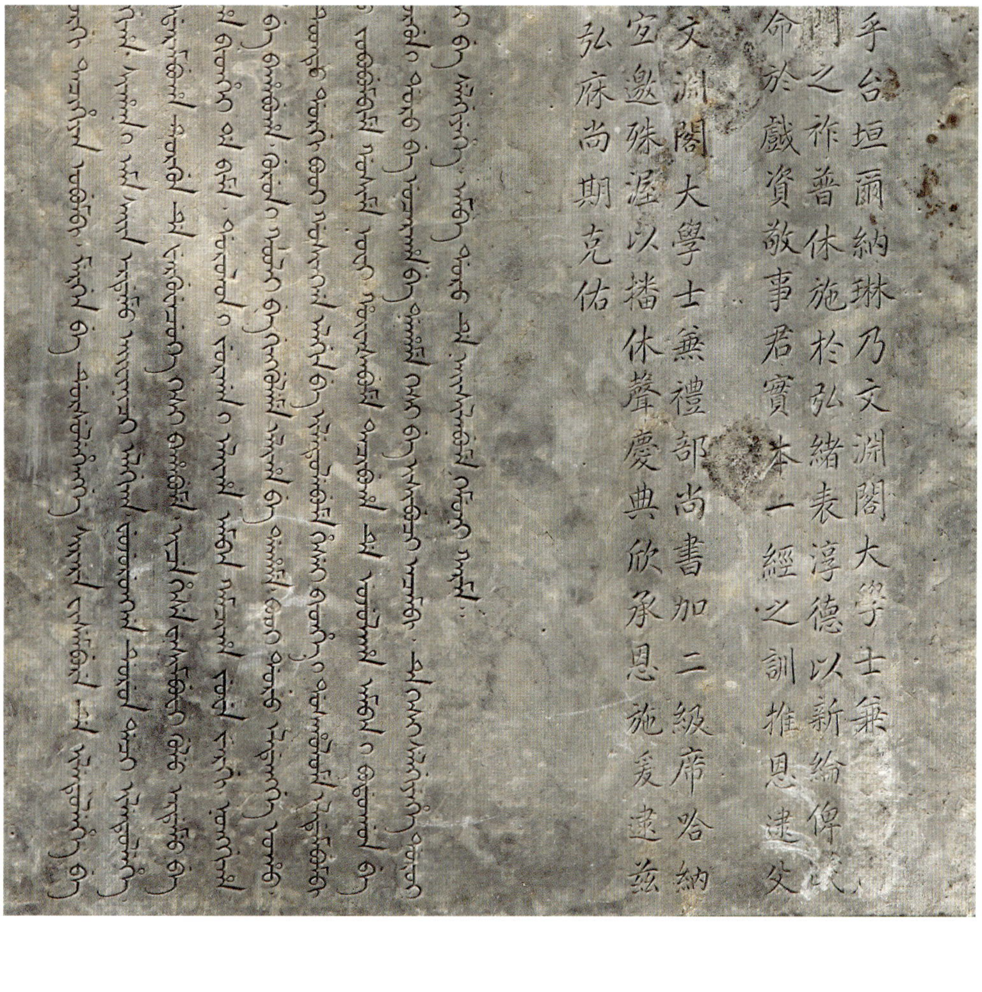

乎台垣爾納琳乃文淵閣大學士兼
門之祚普休施於弘緒表淳德以新綸俾
命於戲資敬事君實本一經之訓推恩逮父
文淵閣大學士兼禮部尚書加二級席哈納
宜邀殊渥以播休聲慶典欣承恩施爰逮茲
弘庥尚期克佑

碑身局部（下）

135. 封理藩院员外郎保住之父阿世图为奉政大夫诰封碑

阿世图　保住之父。保住时任理藩院员外郎。父因子贵，康熙四十二年（1703），以覃恩封阿世图为奉政大夫、理藩院员外郎，赐予诰命。

阿世图诰封碑　满汉文合璧，康熙四十二年（1703）制。今存北京市顺义区文物管理所。

碑额

额题 满汉文“诰封”。

碑身局部

136. 特授盛京工部侍郎白尔克为光禄大夫封妻□雅喇氏为□□诰封碑

白尔克　亦写作伯尔克，满洲镶黄旗。初任盛京礼部理事官。康熙三十七年（1698），任盛京工部侍郎加一级。四十二年，授光禄大夫，赐予诰命。四十五年，去世。其后人恩袭托沙喇哈番加一级，授中宪大夫。四十七年，立此碑。

白尔克及其妻诰封碑　满汉文合璧，康熙四十七年（1708）立。今立于辽宁省沈阳市棋盘山风景区沈棋路边。

碑身

碑阴碑身

碑阴碑身局部（一）

碑阴碑身局部（二）

137. 皇清诰授四川陕西总督兼都察院右都御史郭罗洛公墓碑

葛思泰　郭罗洛公即葛思泰（《八旗满洲氏族通谱》中称葛思泰为格斯特，在其父母诰封碑中称葛思泰，在此采用后者）。郭罗洛氏，满洲镶黄旗。其曾祖瑚锡世居沾河地方，后归附努尔哈赤。其父雅逊原任护军校。格斯特历任刑部侍郎、都察院左都御史、文渊阁大学士。康熙二十七年（1688），任四川陕西总督兼都察院右都御史。三十一年，因病免职。曾随从康熙帝出征噶尔丹，率兵俘获五百余人而立功。四十年，父因子贵，赠父雅逊为光禄大夫、总督四川陕西等处地方军务兼理粮饷、兵部右侍郎兼都察院右都御史加四级，赐予诰命；赠母掩谟氏为一品夫人。其子根特（又作根太）在康熙二十九年（1690）以主事从征噶尔丹，在乌兰布通阵亡。

葛思泰墓碑（碑阴）　残碑，汉文，康熙四十□年立。今存北京市门头沟区博物馆。

碑阳额碑

碑阳额题 汉文“郭罗洛公之碑”。

碑阳碑身局部

138. 特授总督四川陕西仍兼管陕西将军事务世袭拖沙喇哈番博霁为光禄大夫封妻傅查氏为一品夫人诰封碑

博霁　巴雅喇氏，满洲镶白旗。自护卫升任王府长史，累升至满洲镶白旗都统。康熙二十四年（1685），任江宁将军，又调任西安将军。三十五年，与抚远大将军费扬古在宁夏会师，在昭莫多击败噶尔丹。因功授世职拖沙喇哈番。四十二年，康熙帝在西安阅兵，称赞其治军无人能比。四十三年，授四川陕西总督。四十七年，去世。特授为光禄大夫，赐予诰命；妻傅查氏封为一品夫人。

博霁及妻傅查氏诰封碑　满汉文合璧，康熙四十八年（1709）制。原址在北京市朝阳区高碑店小郊亭村，今立于高碑店污水处理厂内。

碑座

碑额 额题难以辨认。

碑身局部

139. 四川陕西总督仍兼管陕西将军事务世袭拖沙喇哈番博霁神道碑

博霁神道碑 满汉文合璧，康熙四十八年（1709）立。碑身漫漶严重，仅能识别个别满汉文字。原址在北京市朝阳区高碑店小郊亭村，今立于高碑店污水处理厂内，博霁诰封碑左侧。

额题 满汉文“皇清”。

碑额

神道碑（左）与诰封碑（右）

140. 皇清诰赠资政大夫副都统柏公墓碑

柏公　康熙四十八年（1709），其子时任副都统、世职拜他喇布勒哈番。父因子贵，诰赠柏公为资政大夫、副都统。

柏公墓碑　残碑，满汉文合璧，康熙四十八年（1709）立。今侧卧于辽宁省抚顺市抚顺县大甸子村。

碑阴碑身

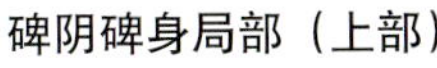

碑阴碑身局部（上部）

碑阴碑身局部（下部）

碑额残件

碑座残件

墓园遗存

141. 皇清诰赠光禄大夫经筵讲官议政大臣吏部尚书兼佐领额赫礼墓碑

额赫礼　即额公，兆佳氏，满洲正白旗。世居额尔敏地方，祖父觉色归附努尔哈赤。额赫礼原任前锋校，后任内阁学士。康熙三十四年（1695），任盛京刑部侍郎。三十九年，被革职。其子马库原任城守尉，马尔汉原任经筵讲官、议政大臣、吏部尚书兼佐领加三级。父因子贵，诰赠额赫礼为经筵讲官、议政大臣、吏部尚书兼佐领加三级。

额赫礼墓碑　满汉文合璧，康熙四十八年（1709）立。今立于北京市朝阳区团结湖公园内。

碑额

额题 满汉文“诰赠”。

碑身

碑阴碑额

碑阴额题　满汉文“诰赠”。

碑座

碑身侧面

碑阴碑身局部（上）

碑阴碑身局部（下）

142. 皇清诰授光禄大夫议政大臣前太子太师礼部尚书武英殿大学士明珠墓志铭碑

明珠　字端范，纳喇氏，满洲正黄旗。叶赫部贝勒金台石孙。金台石妹妹孟古哲哲是皇太极的生母。父尼雅哈率部归附努尔哈赤，授予佐领。明珠生于天聪九年（1635），初任侍卫。康熙三年（1664），升任内务府总管，其后历任刑部尚书、兵部尚书、都察院左都御史、吏部尚书、武英殿大学士、太子太师等要职，权倾朝野，时称“相国”。在撤三藩、统一台湾、抗御外敌中起到积极作用。二十七年，因结党营私被罢黜，后虽官复原职但不再受重用。四十七年（1708），病故，享年七十四岁。其后人世代为官，有子性德、揆叙、揆方，为官者文武兼俱。

明珠墓志铭碑盖　汉文，康熙四十九年（1710）刻。北京市海淀区上庄村出土，今存北京市首都博物馆。本图片由首都博物馆提供。

墓志铭碑

墓志铭碑局部（一）

墓志铭碑局部（二）

143. 皇清诰封太子太师武英殿大学士兼礼部尚书相国纳兰明珠元配一品夫人觉罗氏墓志铭碑

明珠元配夫人　爱新觉罗氏，为努尔哈赤第十二子英亲王阿济格正妃第五女。生于崇德二年（1637），卒于康熙三十三年（1694），时年五十八岁。有三子：长子纳兰性德，次子纳兰揆叙，三子纳兰揆方。

明珠元配一品夫人觉罗氏墓志铭碑盖　汉文，康熙三十三年（1694）立。北京市海淀区上庄村出土，今存北京市首都博物馆。本图片由首都博物馆提供。

墓志铭碑

墓志铭碑盖背面

墓志铭碑局部（一）

墓志铭碑局部（二）

144. 皇清通议大夫一等侍卫佐领纳喇容若墓志铭碑

纳兰性德　纳喇氏，原名成德，字容若，满洲正黄旗。康熙朝大学士明珠长子，生于顺治十二年（1655）。少习骑射，稍长工诗词，文武全才。康熙十四年（1675），赐进士出身，时年十六岁。后授乾清门三等侍卫，再迁至一等。他是清初著名词人，其诗词风格独树一帜，其中有《侧帽集》《饮水词》词集，后多称《纳兰词》，词风清新隽秀，自然超逸。二十四年，病逝，年仅三十一岁。病危期间和去世后，康熙帝曾派御医探视和告慰。徐乾学综合其诗、词、文、赋，纂集成《通志堂集》。

纳兰性德墓志铭碑　汉文，康熙二十四年（1685）刻。北京市海淀区上庄村出土，今存北京石刻艺术博物馆。

墓志铭碑局部

墓志铭碑盖 今存北京市海淀区上庄乡纳兰性德陈列馆。

碑盖拓片

家庙

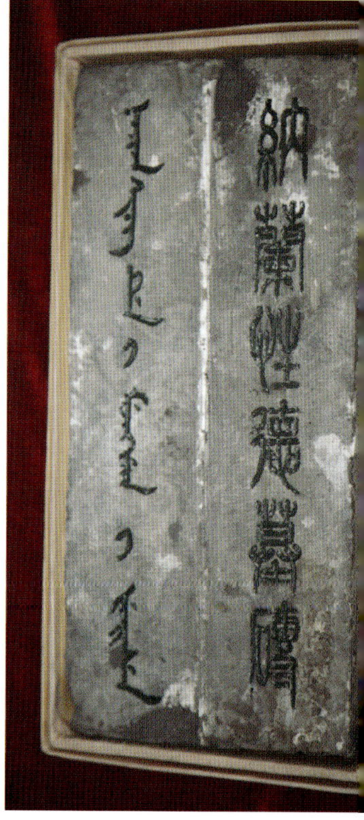

墓砖 今存北京市海淀区上庄乡纳兰性德陈列馆。

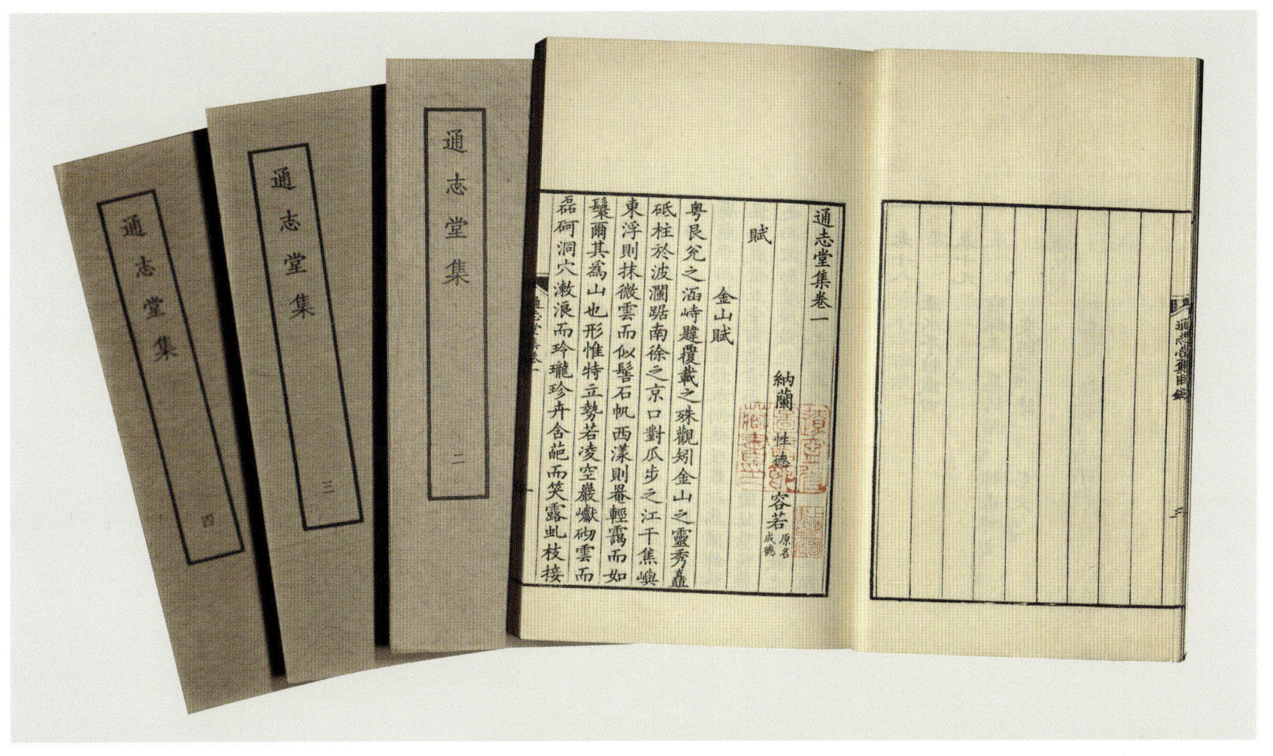

通志堂集卷一
納蘭性德容若 原名成德
賦
金山賦
粤艮兊之涵峙躔覆載之殊觀矧金山之靈秀矗
砥柱於波瀾踞南徐之京口對瓜步之江干焦嶼
東浮則抹微雲而似髻石帆西漾則晷輕靄而如
鬟爾其爲山也形惟特立勢若凌空巖巘砌雲而
磊砢洞穴漱浪而玲瓏珍卉含葩而笑露虬枝接

《通志堂集》书影（一）

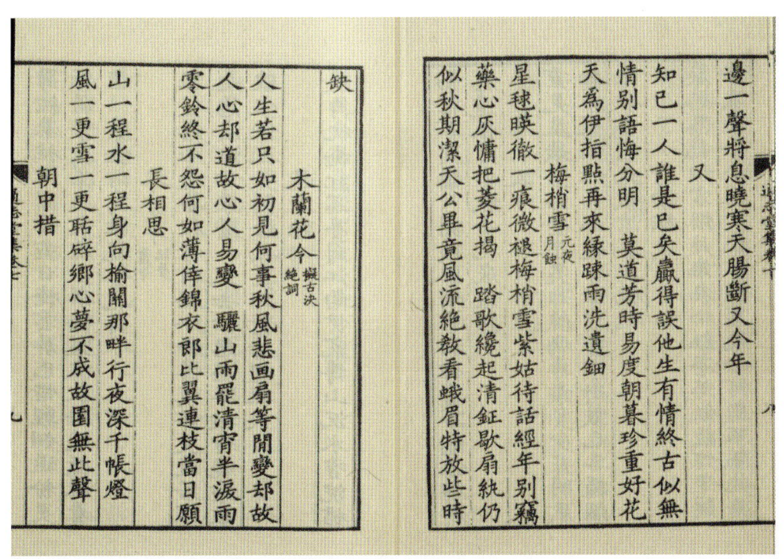

邊一聲將息曉寒天腸斷又今年
又
知己一人誰是已矣贏得誤他生有情終古似無
情別語悔分明　莫道芳時易度朝暮珍重好花
天爲伊指點再來緣踈雨洗遺鈿
梅梢雪 元夜月蝕
星毬映徹一痕微褪梅梢雪紫姑待話經年別竊
藥心灰慵把菱花揭　踏歌纔起清鉦歇扇紈仍
似秋期潔天公畢竟風流絶教看蛾眉特放些時
缺
木蘭花令 擬古決絶詞
人生若只如初見何事秋風悲画扇等閒變却故
人心却道故心人易變　驪山雨罷清宵半淚雨
零鈴終不怨何如薄倖錦衣郎比翼連枝當日願
長相思
山一程水一程身向榆關那畔行夜深千帳燈
風一更雪一更聒碎鄉心夢不成故園無此聲
朝中措

《通志堂集》书影（二）

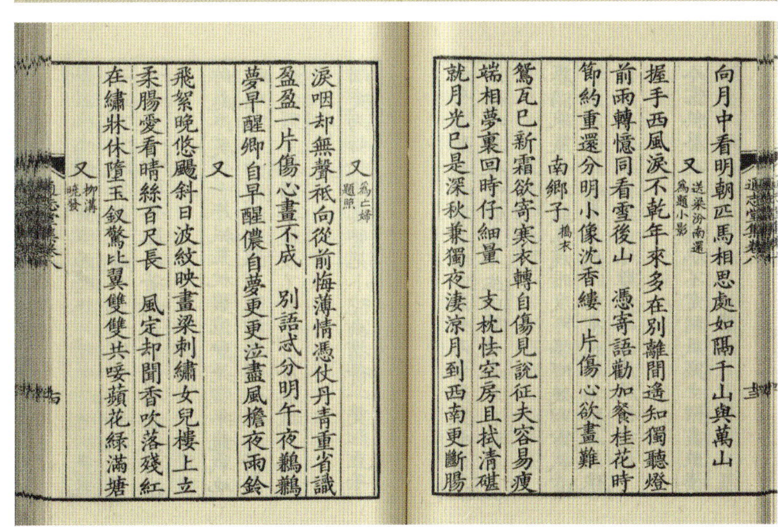

向月中看明朝匹馬相思處如隔千山與萬山
又 送梁汾南還爲題小影
握手西風淚不乾年來多在別離間遥知獨聽燈
前雨轉憶同看雪後山　憑寄語勸加餐桂花時
節約重還分明小像沈香縷一片傷心欲畫難
南鄉子 擣衣
鴛瓦已新霜欲寄寒衣轉自傷見說征夫容易瘦
端相夢裏回時仔細量　支枕怯空房且拭清砧
就月光已是深秋兼獨夜淒涼月到西南更斷腸
又 爲亡婦題照
淚咽却無聲祇向從前悔薄情憑仗丹青重省識
盈盈一片傷心畫不成　別語忒分明午夜鶼鶼
夢早醒卿自早醒儂自夢更更泣盡風檐夜雨鈴
又
飛絮晚悠颺斜日波紋映畫梁刺繡女兒樓上立
柔腸愛看晴絲百尺長　風定却聞香吹落殘紅
在繡牀休墮玉釵驚比翼雙雙共唼蘋花綠滿塘
又 柳溝曉發

《通志堂集》书影（三）

145. 皇清纳腊室卢氏墓志铭碑

纳腊卢氏　纳兰性德之妻。汉姓卢，纳腊即纳喇，随其夫性德之姓。两广总督、兵部右侍郎、都察院右副都御史汉军镶白旗卢兴祖之女。康熙十三年（1674），与纳兰性德成婚，是年十八岁。三年后，卢氏去世，年仅二十一岁，生一子海亮。从墓志铭及纳兰性德诗词作品中可以看出，二人情投意合，婚后幸福。卢氏去世对纳兰性德打击极大，使其词风都有所改变。

纳腊卢氏墓志铭碑　汉文，康熙十六年（1677）刻。北京市海淀区上庄村出土，今存北京石刻艺术博物馆。

墓志铭碑碑身

146. 经筵日讲官起居注工部右侍郎兼翰林院掌院学士揆叙撰文敕赐琳霄观碑

揆叙　字凯功，纳喇氏，满洲正黄旗。大学士明珠第二子。康熙三十五年（1696），由二等侍卫授翰林院侍读，任日讲起居注官。其后，历任翰林院掌院学士兼礼部侍郎、经筵讲官、教习庶吉士、工部侍郎。五十一年，升任左都御史，仍掌翰林院事。五十六年，去世，谥号“文端”。雍正二年（1724），因其生前参与皇位之争，揭发揆叙罪状，废除谥号。墓碑改镌为“不忠不孝阴险柔佞揆叙之墓”。

揆叙撰文敕赐琳霄观碑　汉文，康熙四十九年（1710）立。诚亲王胤祉书。今存河北省承德市避暑山庄碑林。

侧面

碑身

碑额

额题 汉文“琳霄观碑”。

碑身局部（上）

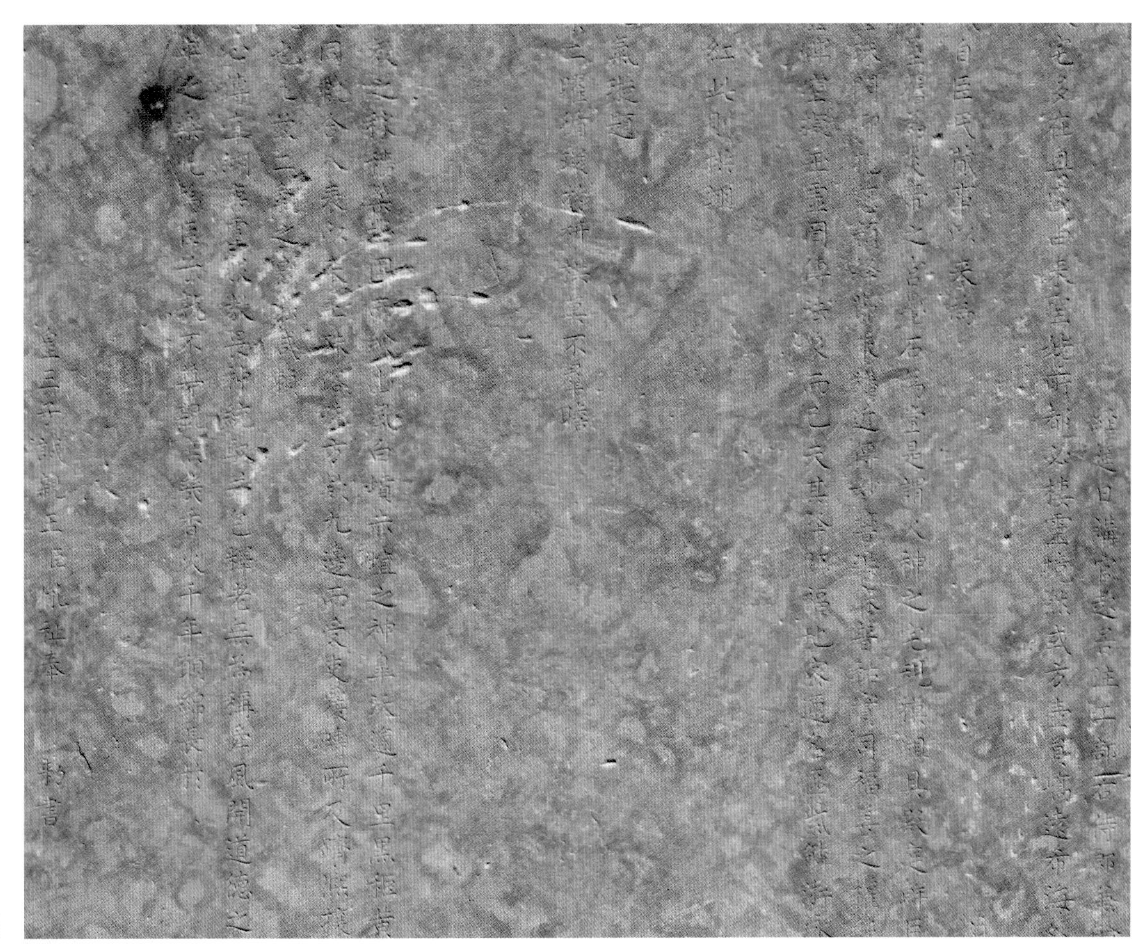
碑身局部（中）

碑身局部（下）

147. 皇清光禄大夫经筵日讲官起居注议政大臣都察院左都御史兼翰林院掌院学士事教习庶吉士管佐领事揆叙墓志铭碑

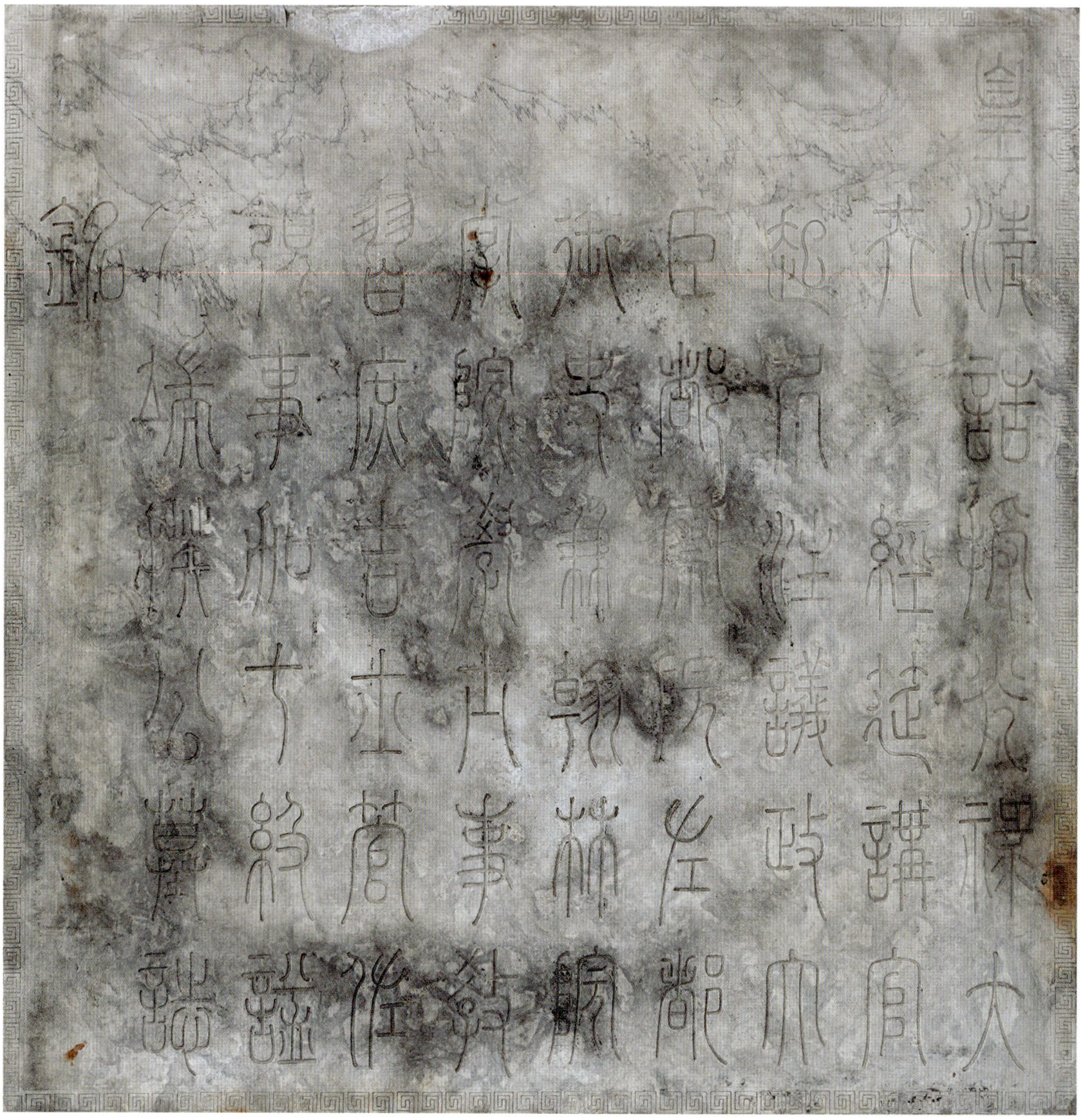

揆叙墓志铭碑盖　汉文，康熙五十六年（1717）刻。北京市海淀区上庄村出土，今存北京市首都博物馆。本图片由首都博物馆提供。

墓志铭碑

墓志铭碑局部

148. 诰封一品夫人揆叙元配永寿母耿太夫人墓志铭碑

耿太夫人　耿氏，汉军正黄旗人。和硕柔嘉公主与和硕额驸耿聚忠之女，生尔聪慧，兼通国书。十八岁嫁与揆叙，无子。因弟揆方夫妻相继去世，奉康熙帝之命将其子安昭、元普过继给揆叙夫妇，并改名纳兰永寿、纳兰永福。

耿太夫人墓志铭碑盖　汉文，康熙五十八年（1719）刻。北京市海淀区上庄村出土，今存北京市首都博物馆。本图片由首都博物馆提供。

墓志铭碑

墓志铭碑局部

149. 皇清诰封和硕额驸纳兰揆方墓志铭碑

纳兰揆方　字正叔，纳喇氏，满洲正黄旗。大学士明珠第三子，伯兄纳兰性德为清代著名词人，仲兄揆叙为都察院左都御史兼翰林院掌院学士。揆方娶和硕康亲王之女觉罗淑慎为妻，封和硕额驸。康熙四十七年（1708），去世，年仅三十九岁；同年，葬于皂角屯祖茔。

纳兰揆方墓志铭碑盖　汉文，康熙四十七年（1708）刻。北京市海淀区上庄村出土，今存北京石刻艺术博物馆。

墓志铭碑

150. 皇清诰授光禄大夫议政大臣散秩大臣兵部左侍郎正黄旗满洲副都统兼佐领永寿墓志铭碑

永寿　纳兰氏，满洲正黄旗。因生父纳兰揆叙弟揆方、母和硕康亲王第八女淑慎相继去世，奉康熙帝之命将揆方之子安昭、元普过继给揆叙夫妇，并改名纳兰永寿、纳兰永福。永寿初任佐领、侍卫，后升任兵部左侍郎、正黄旗满洲副都统。妻苏完瓜尔佳氏，正黄旗汉军副都统含太（又名阿汉泰）之女，诰封一品夫人，子一，早卒，女四。

永寿墓志铭碑盖　汉文，雍正九年（1731）刻。北京市海淀区上庄村出土，今存北京市首都博物馆。本图片由首都博物馆提供。

墓志铭碑

墓志铭碑局部

151. 赠户部尚书议政大臣穆和伦之父沙尔纳祖父多布察曾祖父库尔邦格为光禄大夫封母和佳氏张佳氏赠祖母曾祖母为一品夫人诰封碑

穆和伦　喜塔腊氏，满洲镶蓝旗。自兵部笔帖式四迁为御史，又三迁为内阁学士。康熙四十三年(1704)，任工部侍郎。四十八年，任礼部尚书；次年，调户部尚书。五十年，为表彰他笃行孝义，康熙帝特为穆和伦九十岁的母亲张佳氏御书“北堂眉寿”匾额赐之。五十一年，在察审两江总督噶礼与巡抚张伯行相互参劾之事时，被斥责是非颠倒。五十三年，以老病乞休。五十五年，复出任户部尚书。五十七年，因收平余银未奏，降五级调用；同年，去世。

穆和伦上三代诰封碑　碑阳为汉文，碑阴为满文，康熙五十（二）年（1713）制。原址在北京市丰台区西水头村，今存丰台区连山岗石刻园。

碑身局部（一）

碑身局部（二）

碑阴碑身

碑阴碑身局部（一）

碑阴碑身局部（二）

152. 礼部尚书穆和伦之母张佳氏谕祭碑

张佳氏　礼部尚书穆和伦之母。母因子贵，诰封一品夫人。康熙四十九年（1710），皇帝遣礼部官员前往谕祭。

张佳氏谕祭碑　满汉文合璧，康熙四十九年（1710）祭。原址在北京市广安门外凤凰嘴村以西的水头庄村，今存丰台区凤凰嘴金中都遗址公园内。

碑身

碑额

额题　满汉文“祭文”。

碑身局部（上）

碑身局部（中）

碑身局部（下）

153. 皇清诰封光禄大夫经筵讲官议政大臣礼部左侍郎兼管右侍郎事代理镇门将军印务兼佐领吴努春墓碑

吴努春　天聪六年（1632），出生。初任刑部七品他齐哈哈番，其后历任都察院主事、户部员外郎、礼部郎中、刑部郎中、陕西按察使、陕西布政使、太常寺正卿、内阁学士兼礼部侍郎、兵部左侍郎、经筵讲官、议政大臣。由议政大臣特简随康亲王在福建军前任参赞大臣、代理镇闽将军印务、礼部左侍郎管右侍郎事兼管佐领。嫡母瓜尔佳氏、继母觉罗氏被封为一品夫人。康熙三十三年（1694），去世，享年六十三岁。

吴努春墓碑　满汉文合璧，康熙五十二年（1713）立。原址在北京市德胜门外四街双旗杆，今存北京石刻艺术博物馆。

碑身

碑额

额题 满汉文“诰封”。

碑阴碑身局部（一）

碑阴额题　汉文“长发其祥”。

碑阴碑额

碑阴碑身局部（二）

碑阴碑身

154. 管理广宁城守尉常爱撰重修北镇庙禅林记碑

常爱　康熙五十四年（1715），时任管理广宁（今辽宁省北镇市）城守尉，加二级；同年，与广宁知县钱世勋共同撰写了《重修北镇庙禅林记》。

常爱撰重修北镇庙禅林记碑　汉文，康熙五十四年（1715）立。今立于辽宁省北镇市北镇庙东侧万寿寺遗址。

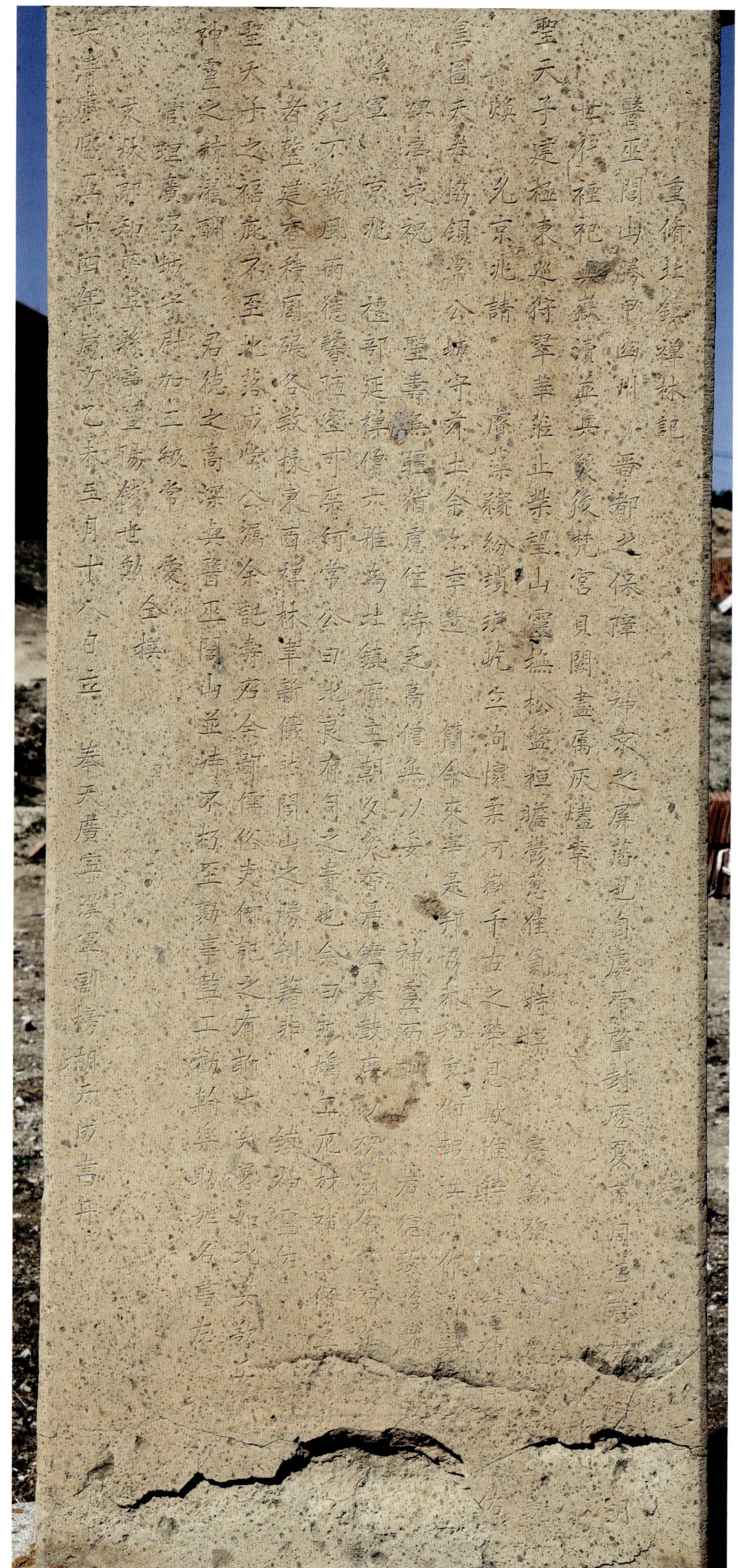

碑身

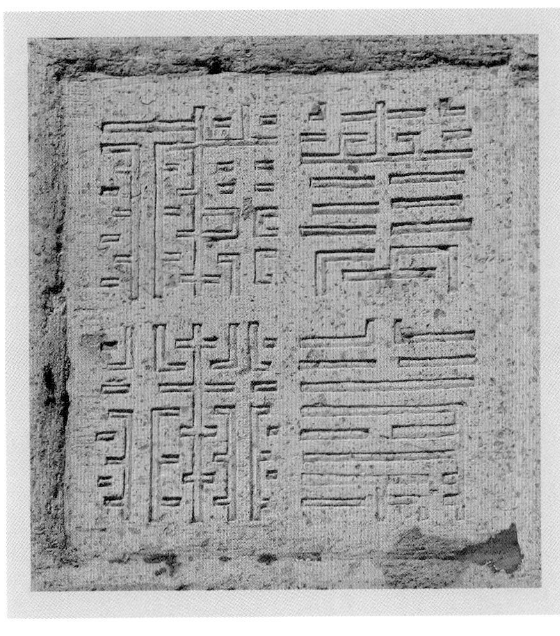

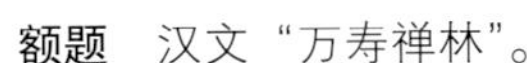

额题　汉文“万寿禅林”。

碑额

碑身局部

155. 议政大臣礼部尚书兼太常寺卿署仓场事务总公库大臣佐领荆山墓碑

荆山　费莫氏，满洲正白旗。先世世居长白山。康熙二十五年（1686），由监生补礼部笔帖式，任本部读祝官。二十八年以后，历任太常寺寺丞、户部员外郎、太常寺少卿、太常寺卿、大理寺卿、礼部右侍郎、纂修玉牒副总裁、署仓场侍郎事务总公库大臣、佐领。五十五年，任礼部尚书。五十六年，病故，赐祭葬，谥号“端简”。

荆山墓碑　汉文，康熙五十七年（1718）立。今立于辽宁省灯塔市胡巴什村。

碑身

156. 议政大臣礼部尚书兼太常寺卿署仓场事务总公库大臣佐领荆山谕祭碑

荆山谕祭碑 汉文，康熙五十七年（1718）立。今立于辽宁省灯塔市胡巴什村，荆山墓碑左侧。

碑身

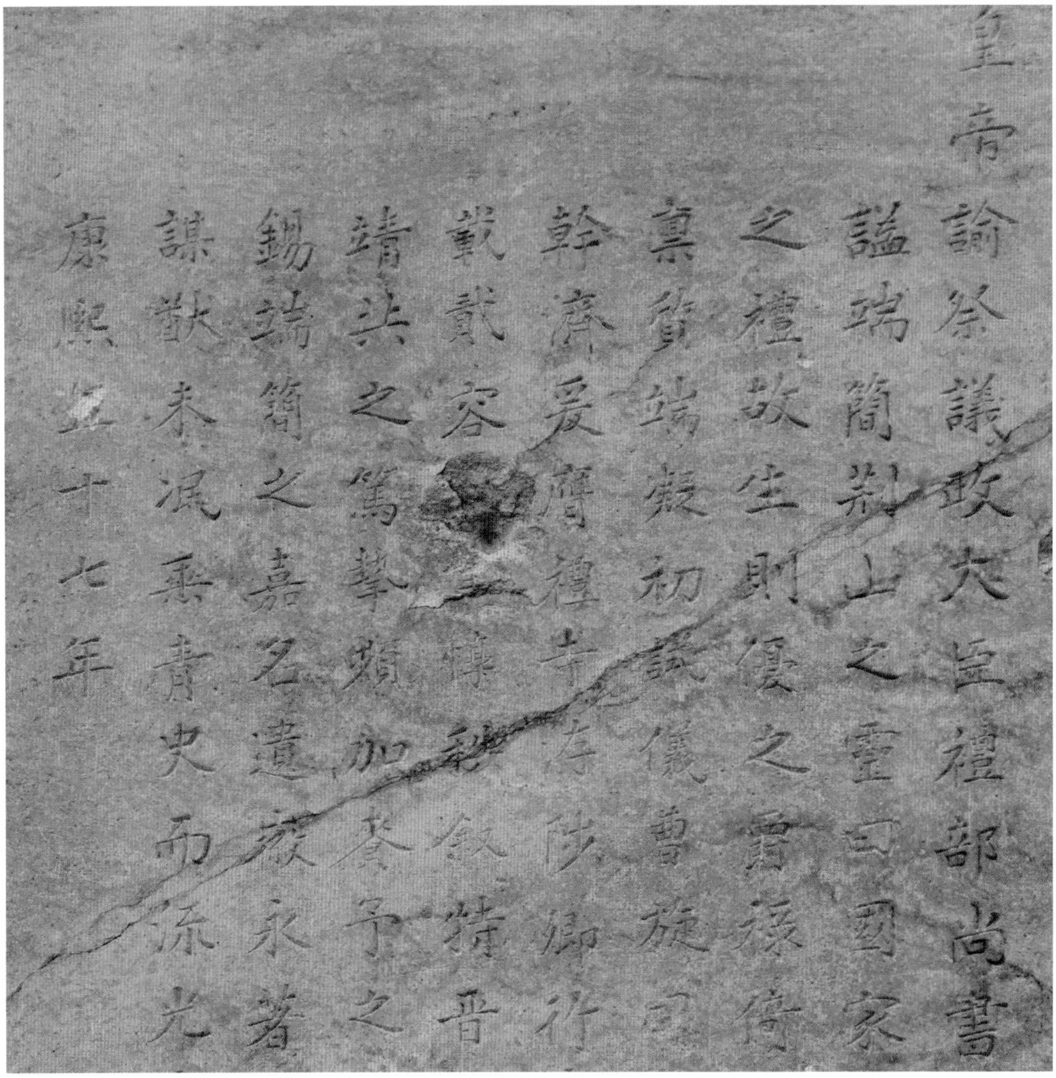

皇帝
諭祭議政大臣禮部尚書
謚端簡荆山之靈曰國家
之禮故生則優之爵祿倚
稟質端凝初試儀曹旋司
幹濟爰贊禮寺陟卿行
戴戴容[illegible][illegible][illegible][illegible]敘特晉
靖共之篤摯頻加參予之
錫端簡之嘉名遺蔽永著
謀猷未泯垂青史而流光
康熙五十七年

碑身局部

墓碑（右）与谕祭碑（左）

157. 钦命靖逆将军吏部尚书兼总督仓场事务富宁安等山神庙题名碑

富宁安　富察氏，满洲镶蓝旗。康熙二十五年（1686），袭拜他喇布勒哈番世职，任侍卫、佐领。历官骁骑营参领、满洲镶红旗都统、汉军正黄旗都统、都察院左都御史、礼部尚书兼管仓场事、吏部尚书。五十四年，策妄阿拉布坦侵掠哈密，奉命赴西宁统领调度，得知敌兵溃逃，奉旨在巴里坤驻兵。不久，返回肃州（今酒泉），经理粮马。五十六年，授靖逆将军再驻巴里坤，屡败准噶尔叛军，并筹划屯田积粮诸事。雍正元年（1723），晋升为武英殿大学士，仍驻巴里坤管理军务。四年，回京后晋一等侯爵。五年，加太子太傅，管汉军镶白、正红两旗都统事；十月，赴西安任驻防将军。六年，在西安去世，谥号“文恭”。

富宁安等山神庙题名碑　汉文，康熙五十八年（1719）刻。今立于新疆维吾尔自治区巴里坤哈萨克自治县岳公台东北山坡碑亭内。

碑身局部（左）

碑身局部（右）

碑亭

巴里坤汉城瓮城

158. 诰封通议大夫□□佐领岳□布墓碑

岳□布　诰封通议大夫兼佐领加二级。康熙六十一年（1722），后代为其立碑。

岳□布墓碑　满汉文合璧，康熙六十一年（1722）立。原址在辽宁省本溪市高新区边牛村，今存本溪市碑林。

碑额

额题 满汉文“诰封”。

岳□布墓碑（中）

碑身

碑阴局部

159. 皇清原诰授资政大夫参领兼佐领今诰赠光禄大夫理藩院尚书墨德墓碑

墨德　碑中记载，原诰授资政大夫、参领兼佐领加一级。雍正元年（1723），诰赠光禄大夫、理藩院尚书加一级。

墨德墓碑　残碑，满汉文合璧，雍正元年（1723）刻。原址在北京市海淀区五道口，今立于中国地质大学北门以南的小花园内。

碑身残件

皇清原誥授資政大夫參領兼佐領加一級令
誥贈光祿大夫理藩院尚書加一級默德公碑

拓片 选自《拓本汇编》。

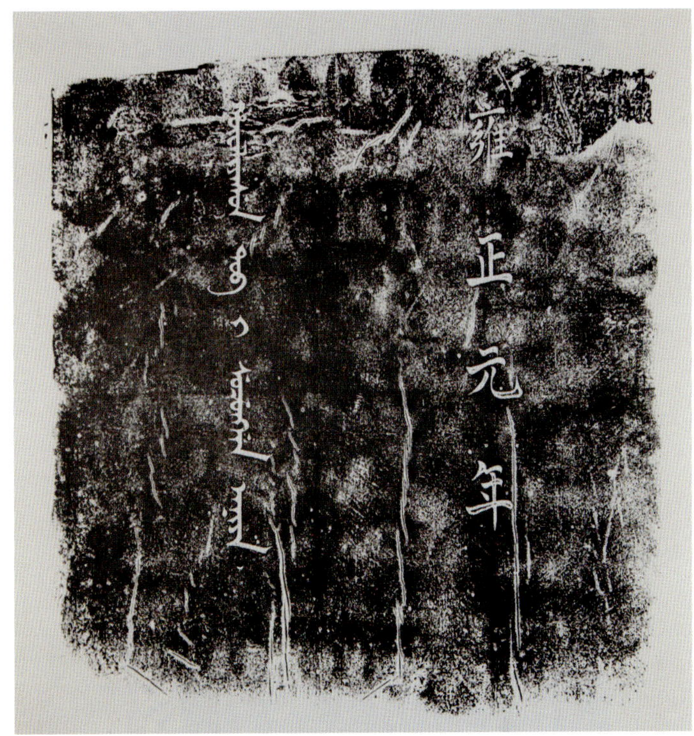
雍正元年

碑阴拓片 选自《拓本汇编》。

碑阴

160. 礼部尚书正黄旗凯音布谕祭碑

凯音布　伊尔根觉罗氏，满洲正黄旗。世居瓦尔喀，先祖赫臣归附努尔哈赤，授牛录额真。初袭祖父克宜福三等阿达哈哈番。康熙十年（1671），授御史兼世管佐领。历任光禄寺正卿、吏部侍郎、内阁学士、仓场侍郎、工部左侍郎、户部左侍郎、汉军正黄旗副都统、满洲正黄旗副都统、礼部侍郎、议政大臣。四十年，升任户部尚书。四十五年，调任礼部尚书。雍正元年（1723），去世。

凯音布谕祭碑　满汉文合璧，雍正二年（1724）祭。今存北京市怀柔区西北铠甲庄。

碑身

161. 太子太保闽浙总督兼兵部尚书喀尔吉善谕祭碑

喀尔吉善　字澹园，伊尔根觉罗氏，满洲正黄旗。凯音布之子，初袭拜他喇布勒哈番，授上驷院员外郎，又袭世管佐领。雍正九年(1731)，任兵部左侍郎。十年，任《八旗通志》馆副总裁。十三年，因验马不实被革职，令到盛京收粮。乾隆三年（1738）以后，历官内阁学士，山西、安徽、山东巡抚。十一年，升任闽浙总督，加太子少保。十五年，加兵部尚书衔。十九年，加太子太保。二十二年，去世，谥号“庄恪”。

喀尔吉善谕祭碑　满汉文合璧，乾隆二十三（1758）、二十四年祭。今存北京市怀柔区西北铠甲庄。

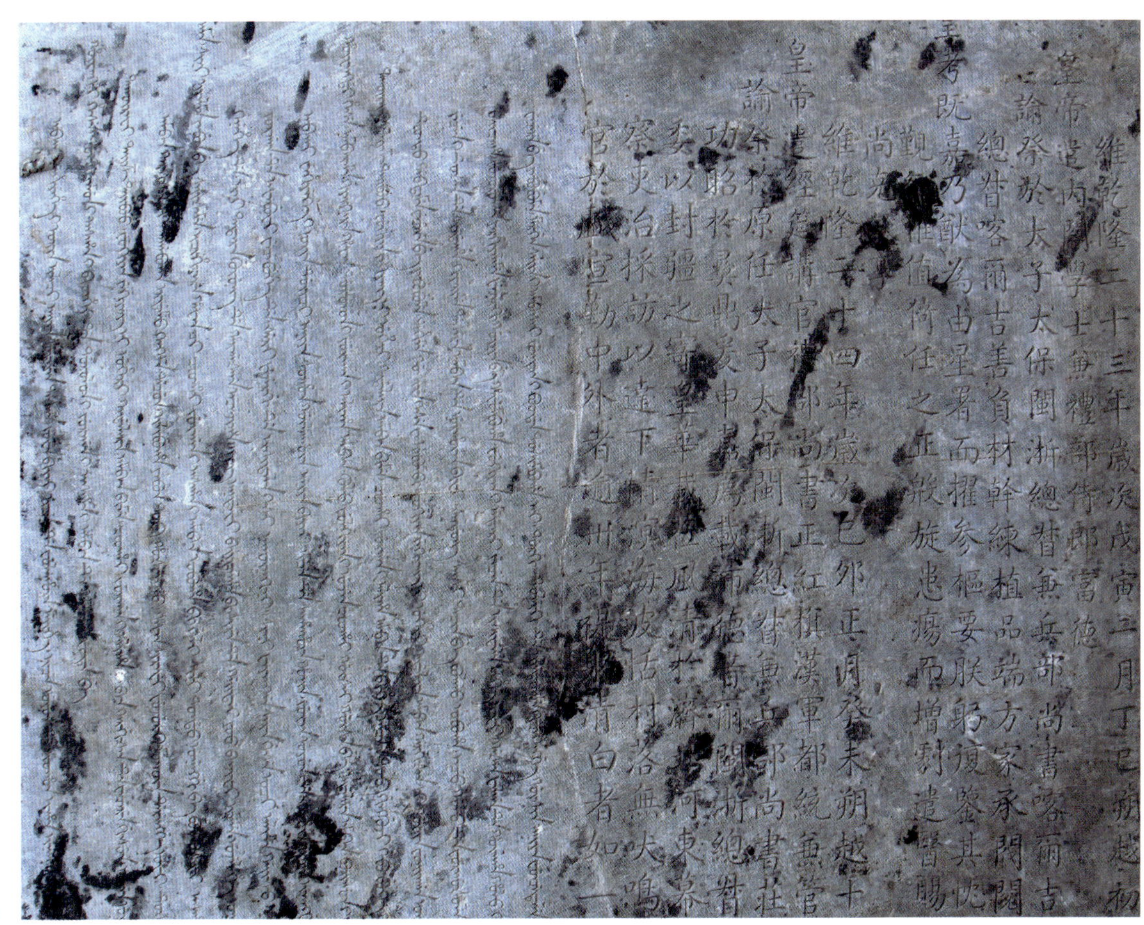
碑身局部（一）

碑身局部（二）

162. 议政大臣吏部尚书马希纳汉文墓碑

马希纳　纳喇氏，满洲正黄旗。祖先世居哈达地方，后归附努尔哈赤，编佐领令其统之。其父马福塔，曾任户部尚书、内务府总管兼佐领。顺治十八年（1661），马希纳由督捕升兵部侍郎。康熙五年（1666），升任户部尚书、议政大臣。八年，调任吏部尚书。九年，因病离职。十三年，去世。

马希纳汉文墓碑（碑阴） 残碑，汉文，雍正三年（1725）立。现平卧地面，碑阳朝下，碑阴朝上。原址在北京市石景山区秀府村东，今存石景山区秀府村某建筑公司院内。

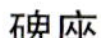

碑座

墓园（旧照） 图中右为马希纳满文碑，左为汉文碑。选自《〈北京市石景山区志〉漫谈系列丛书·名人墓葬》。

碑阴局部

163. 议政大臣吏部尚书马希纳满文墓碑

马希纳满文墓碑（碑阴） 满文，雍正三年（1725）立。现平卧地面，碑阳朝下，碑阴朝上。原址在北京市石景山区秀府村东，今存石景山区秀府村某建筑公司院内。

碑阴碑额

华表八角须弥座

碑阴碑身局部

164. 追封一等侍卫护军统领施更为光禄大夫诰封碑

施更　碑中记载，曾任一等侍卫、护军统领；以覃恩追封为光禄大夫。雍正四年（1726）立碑。

施更诰封碑　残碑，满汉文合璧，雍正四年（1726）立。碑身断为两段，此为上段，横卧地面。今位于辽宁省抚顺县金家村东。

碑身上段

碑额　额题难以辨认。

碑额与碑身　图中左侧为碑额，右侧位于上方的两段为碑身、下方的碑石为后人所立的标志。

碑身下段

165. 雍正帝外祖父卫武之祖父额白根及祖母傅查氏墓碑

额白根　亦写作额柏根，乌雅氏（吴雅氏），满洲正黄旗。卫武祖父，世居哈达地方，后归附努尔哈赤。雍正元年（1723），追封一等公。卫武，康熙帝孝恭仁皇后之父，雍正帝之外祖父。原任护军参领；雍正元年，追封一等公。

额白根及妻傅查氏墓碑　满汉文合璧，雍正六年（1728）刻。原址在北京市朝阳区龙王堂东部，今立于奥林匹克公园。

碑身

碑额

额题　满汉文“敕建”。

碑座

拓片　选自《拓本汇编》。

华表（一） 原立于乌雅氏家族墓地，今立于北京市奥林匹克公园。

华表（二）

碑身局部（一）

碑身局部（二）

166. 雍正帝外祖父卫武之父额参及母瓜尔佳氏墓碑

额参　乌雅氏，满洲正黄旗。额柏根长子，卫武之父。初任布达衣大，累升至内大臣。崇德元年（1636），随皇太极入侵朝鲜，授为男爵。三年，从多尔衮征明，攻济南府、大同等处，屡立战功，加一拜他喇布勒哈番并兼任佐领。雍正元年（1723），追封一等公。

额参及妻瓜尔佳氏墓碑　满汉文合璧，雍正六年（1728）刻。原址在北京市朝阳区龙王堂东部，今立于奥利匹克公园。

碑额

额题　满汉文“敕建”。

碑座

侧面

碑身

碑身局部

卫武父母墓碑（左）与卫武祖父母墓碑（右）

167. 钦差大臣内务府总管丁皂保奉旨补栽泰山五大夫松树碑

丁皂保　内务府满洲正黄旗包衣，祖居辽阳。河道总督高斌之父高衎中女婿，官至内务府总管。雍正八年（1730），奉旨以钦差大臣身份，补栽泰山五大夫松树五株。乾隆初年，以老乞休，食一品俸。

丁皂保奉旨补栽泰山五大夫松树碑　汉文，雍正八年（1730）立。今立于山东省泰安市泰山五松亭院内。

168. 钦差大臣内务府总管丁皂保泰山石坊题额

丁皂保泰山石坊题额 汉文，雍正八年（1730）立。额题汉文“岱宗坊”。今立于山东省泰安市岱庙北门外。

石坊坊额（左）

石坊坊额（右）

169. 经筵讲官议政大臣礼部尚书赖都墓碑

赖都　字仲芳，宁古塔氏，满洲正黄旗。四世祖雅穆什达，世居绥芬河地方，后归附努尔哈赤。在皇太极时其父为二等阿达哈哈番。康熙九年（1670），赖都初任吏部七品笔帖式，历任太常寺赞礼郎、监察御史、内阁学士兼礼部侍郎、经筵讲官、户部右侍郎兼理钱法、镶蓝旗副都统兼理公库。五十三年，升任刑部尚书、议政大臣。五十九年，调任礼部尚书。雍正二年（1724），任礼部尚书兼满洲镶蓝旗都统，又转任汉军镶红旗都统。七年，去世，享年七十八年。碑文记载，赖都是有名的孝子。母年九十时，恭逢康熙帝六十大寿，赖都奉母拜祝驾前，康熙帝赐坐赐食。群臣绘制万寿盛典图时，将赖都与其母绘于图上。

赖公墓碑　满汉文合璧，雍正九年（1731）立。碑额额题难以辨认。今立于北京市海淀区南安河村。

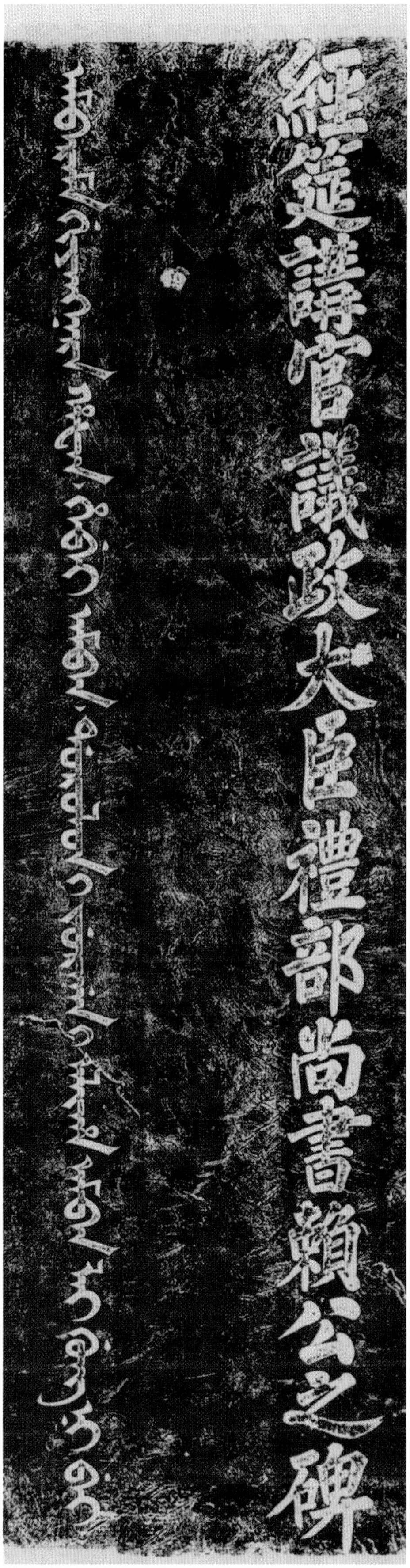

拓片 选自《拓本汇编》。

碑身

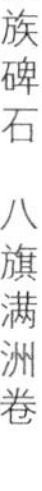

170. 诰授光禄大夫经筵讲官议政大臣礼部尚书赖都碑铭

赖公碑铭　汉文，雍正九年（1731）立。今立于北京市海淀区南安河村。

碑身侧面

碑身

碑身局部（一）

碑身局部（二）

碑身局部（三）

碑身局部（四）

碑额

额题　汉文“赖公碑铭”。

碑座

赖公墓碑（右侧）与赖公碑铭（左侧）

碑阴碑身局部（上）

碑阴碑身局部（下）

碑阴拓片　选自《拓本汇编》。

171. 议政大臣户部尚书加赠太子少保德明墓碑

德明　卦尔察氏，满洲镶黄旗。世居卦尔察地方。康熙三十七年（1698），初由闲散考授兵部督捕司司务。历任光禄寺署正、户部主事、户部员外郎及郎中、直隶布政使、山西巡抚。雍正五年（1727），任刑部尚书、律例馆总裁。八年，调任户部尚书。十年，去世，追加太子少保衔，谥号"端勤"。

德明墓碑　满汉文合璧，雍正十年（1732）立。今立于北京市海淀区羊坊店乔健里京西友谊旅馆院内。

碑额　额题满汉文“敕建”。

碑身局部

碑身

172. 奉政大夫拖沙喇哈番拖尔哈谕祭碑

拖尔哈　满洲正蓝旗，任拖沙喇哈番世职、奉政大夫。雍正年间，拖尔哈从渤海之滨复州到西北边陲之地，御敌冲锋，捐躯报国。雍正十二年（1734），盛京奉天府复州城正蓝旗领催委苏拉章京奉旨谕祭立碑，以示嘉奖。

拖尔哈谕祭碑　汉文，雍正十二年（1734）立。碑文漫漶严重，仅能识别个别文字。今存辽宁省瓦房店市博物馆。

173. 重建雍正十三年兵部尚书通智增修土默特文庙官学碑

通智　马佳氏，满洲正黄旗。康熙年间，历任理藩院笔帖式、理藩院主事。雍正五年（1727），任盛京工部侍郎。六年，任礼部左侍郎，又调任兵部右侍郎，后任兵部左侍郎兼蒙古正红旗副都统。十三年，升为兵部尚书，奉命往归化城督办筑城屯田，协办土默特都统衙门事务。到任后，与丹津整修文庙，请赐御匾，健全制度，增拨庙产，推动了内蒙古地区文教事业的发展。乾隆元年（1736）四月，再命总管办理归化城新城事务；七月，奉命回京；十月，因协办归化城事务任意更张，对土默特官兵恣意用刑，被革职。

重建雍正十三年通智增修土默特文庙官学碑　汉文，2014年重修。今立于内蒙古自治区呼和浩特市玉泉区土默特学校院内。原碑修建于雍正十三年（1735），今已遗失，2014年土墨特学校根据文献记载重修此碑。

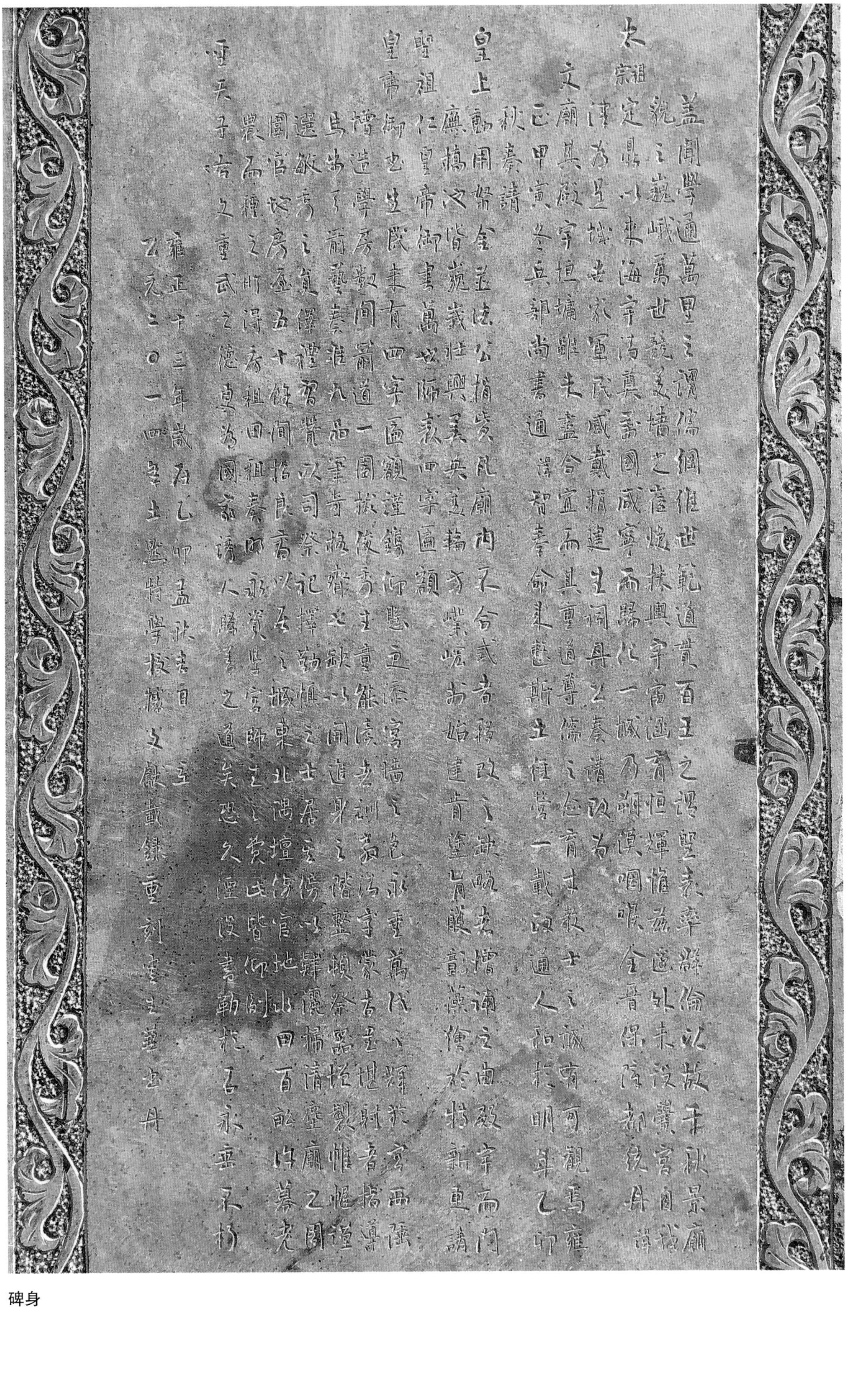

蓋聞學通萬里之謂儒綱維世範道貫百王之謂聖表率彝倫以啟千秋景廟
貌之巍峩萬世髣髴墻之隆燒扶輿宇宙通育恒輝惟茲遐外未設黌宮自我
太祖
太宗定鼎以來海宇清真壽國咸寧而歸化一城乃朔漠咽喉全晉保障都統丹諱
津為是城世家軍民感戴捐建生祠丹公奏請改為
文廟其殿宇垣墉雖未盡合宜而其重道尊儒之念育才教士之誠有可觀焉雍
正甲寅冬兵部尚書通智奉命來蒞斯土任管一載政通人和於明年乙卯
秋奏請
皇上動用帑金並諭公捐貲凡廟內不合式者務改之缺略者增補之由殿宇而門
廡櫺次皆巍峩壯興美奐並輪焉業嵯峩始建青塗丹雘彰藻繪於將新更請
聖祖仁皇帝御書萬世師表四字匾額
皇帝御書生民未有四字匾額謹鐫御懸並添宮墻之色永垂萬代以輝於宮西偏
增造學房數間爾道一圍拔俊秀生童能讀者訓為法守蒙者足堪射者指導
馬步弓箭藝考准九品筆寺赦齋之缺以聞進身之階整頓祭器授製帷幄謹
選敏秀之質俾禮習贊以司祭記擇勤慎之士居之俾以肄儀掃清塵廟之閣
圖官地房屋五十餘間指良畜以養之擴東北隅壇傍官地以田百畝以募老
農而種之所得房租田租奏明永資學宮師生之費民皆仰賴
聖天子右文重武之德更為國家育人歸善之道矣恐久湮沒書勒於石永垂不朽

雍正十三年歲次乙卯孟秋吉日立

公元二〇一四年土默特學校據文獻載錄重刻　雲生華書丹

碑身

碑额

额题 汉文“敕修文庙官学碑记”。

碑身局部

174．山东巡抚法敏泰山摩崖石刻

法敏　满洲镶蓝旗，原籍松花江。雍正三年（1725），始任湖北巡抚，其后任四川、陕西巡抚。十三年，代刑部左侍郎。乾隆元年（1736），任刑部右侍郎；同年，出任山东巡抚。四年，卸任。

法敏泰山摩崖石刻（旧照）　汉文，乾隆四年（1739）题并书。今刻于山东省泰安市泰山崖壁上。

175. 户部尚书徐元梦墓碑

徐元梦　舒穆禄氏，满洲正白旗。祖先世居浑春杜麻湖地方。顺治十二年（1655），出生。康熙年间进士，历官内阁学士、浙江巡抚、左都御史兼翰林院掌院学士、工部尚书。以讲学知名，康熙帝誉为满洲翻译第一人，先后教授康熙帝、雍正帝、乾隆帝诸子。雍正元年（1723），署理内阁大学士事，后转任户部尚书、《明史》总裁官。四年，以翻译错误夺官。乾隆朝任内阁学士、刑部侍郎、《清世宗实录》总裁，参加编辑《八旗满洲氏族通谱》。后因病离任，以尚书衔食俸，加太子少保。乾隆六年（1741），去世，享年八十七岁。乾隆帝命和亲王弘昼及皇长子永璜往奠茶酒。赠太傅，入祀贤良祠。赐祭葬，谥号“文定”。

徐元梦墓碑　满汉文合璧，乾隆六年（1741）立。原址在北京市通州区管头村东，今立于通州区草寺村绿色家园内。

碑额　额题满汉文“御制”。

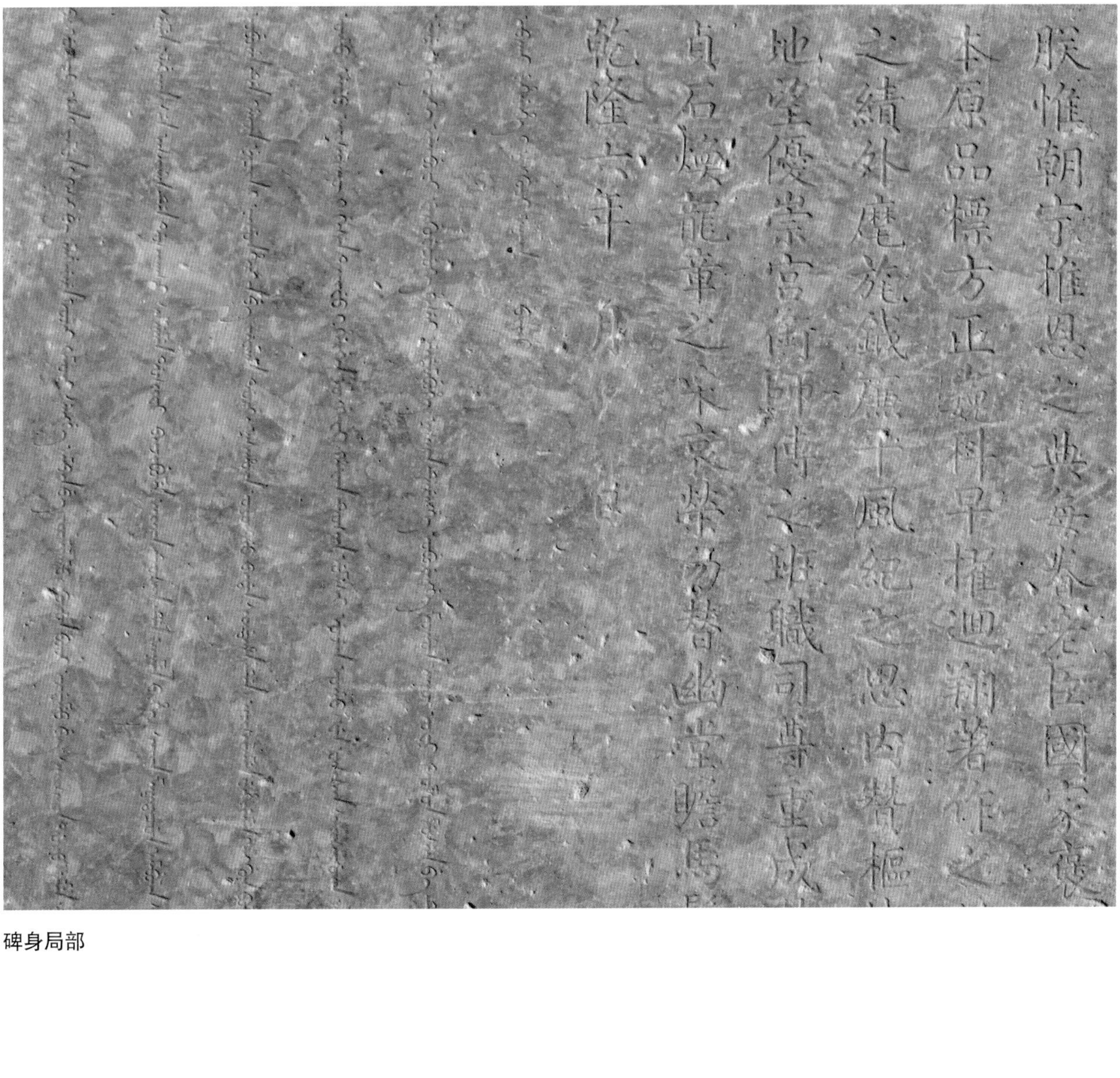

碑身局部

碑身

176. 定边右副将军内大臣总管军营东三省兵丁统领调遣满洲蒙古兵丁镇守黑龙江等处将军塔尔岱诰命碑

塔尔岱　瓜尔佳氏，满州镶黄旗，达斡尔部人。康熙五十四年（1715），任领催。雍正四年（1726），补防御，后升任佐领。五年，任布特哈满洲总管，又调任伯都讷（今吉林省扶余）副都统。七年，从靖远大将军傅尔丹征讨准噶尔部噶尔丹策零，身负重伤，坚持战斗。后晋升为内大臣，参赞靖边将军军务。十年，调任宁古塔副都统；再次奉命出征，因战功卓著，升任黑龙江将军。十三年，因病离任。乾隆元年（1736），授三等轻车都尉世袭。六年，乾隆帝在木兰围场赐诗。二十一年，去世，谥号“勇壮”。

塔尔岱诰命碑　满汉文合璧，乾隆七年（1742）立。原址在黑龙江省齐齐哈尔城龙沙区三十四中学院内，今存齐齐哈尔市明月岛重建黑龙江将军府内。本图片由安洪涛提供。

碑额

额题 满汉文“奉天诰命”。

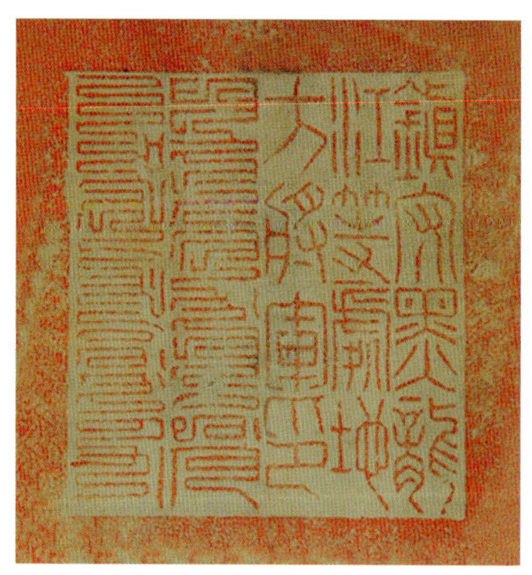

镇守黑龙江等处地方将军印模

碑身

碑身局部（一）

碑身局部（二）

碑身局部（三）

碑身局部（四）

177. 管理广宁等处城守尉三官保等万寿寺禅林比邱坛传演毗尼记题名碑

三官保　乾隆十一年（1746），时任管理广宁等处城守尉。在任时与广宁领催等官兵数人在万寿寺禅林比邱坛传演毗尼碑记中题名。

三官保等万寿寺禅林比邱坛传演毗尼记题名碑　汉文，乾隆十一年（1746）立。今存辽宁省北镇市北镇庙院内东侧。

碑额

额题　汉文“传演碑记”。

碑身

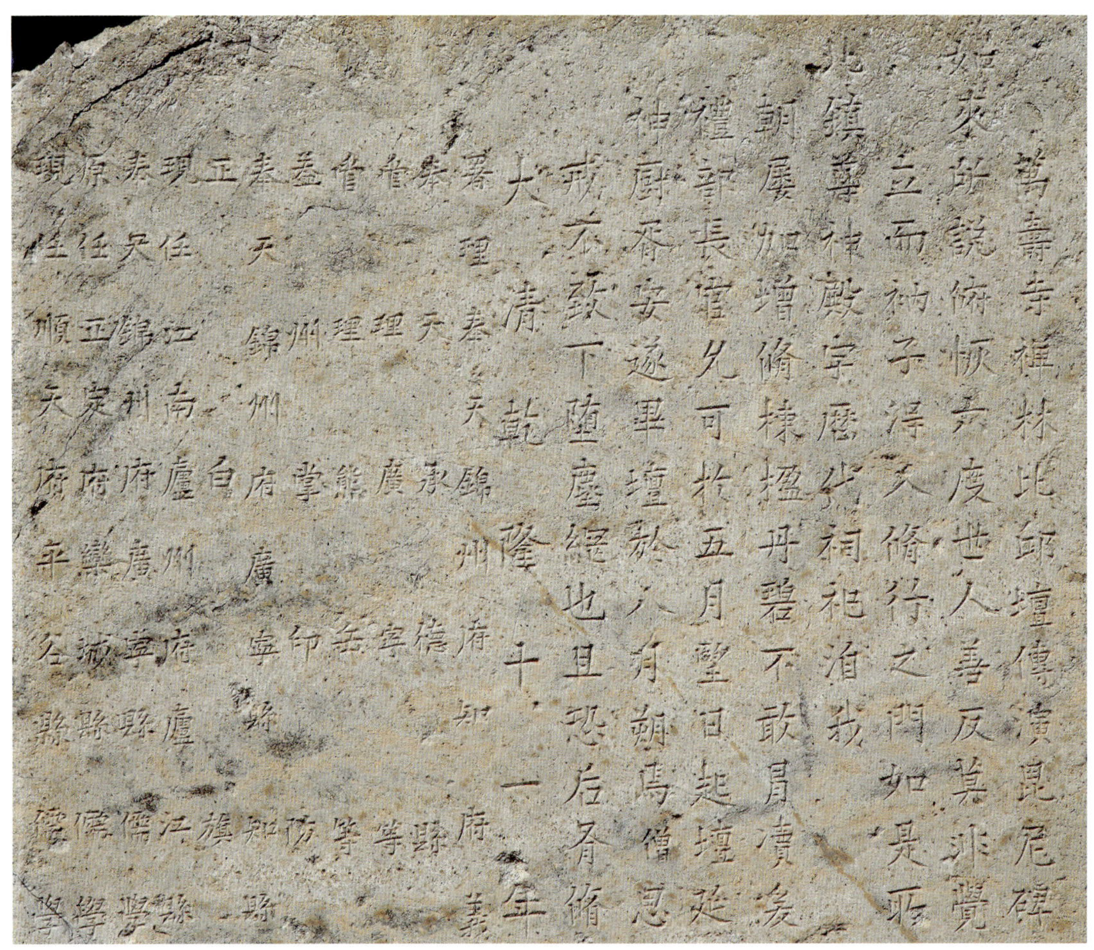

碑身局部

由左至右：常爱撰重修北镇庙禅林记碑、尹继善等北镇庙万寿寺香灯记题名碑、三官保等万寿寺禅林比邱坛传演毗尼记题名碑　今立于辽宁省北镇市北镇庙院内东侧。

碑阴碑额　额题汉文“好善乐施”。

碑阴碑身局部

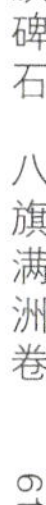

178. 知泰安府事萨槎泰山摩崖石刻

萨槎　原籍长白山，乾隆十三年（1748），时任泰安府知府。在任时为泰山题写“与国咸宁”四字。

萨槎泰山摩崖石刻　汉文，乾隆十三年（1748）题。今刻于山东省泰安市泰山崖壁上。

179. 太子太保大学士一等忠勇公傅恒家族宗祠碑

傅恒　富察氏，字春和，满洲镶黄旗。乾隆帝孝贤纯皇后之弟。曾祖哈什屯官至内大臣、议政大臣，加太子太保；祖米思汉曾任议政大臣、户部尚书；父李荣保官至察哈尔总管。乾隆五年（1740），傅恒初任蓝翎侍卫，后升任头等侍卫。七年，授总管内务府大臣、户部侍郎。历任户部尚书、领侍卫内大臣、川陕总督、保和殿大学士兼军机大臣，加太子太保并授一等忠勇公。在军机处二十余年，深得乾隆帝信任。十三年，受命指挥金川战事。次年，平定金川凯旋；同年，乾隆帝准予其建宗祠。十九年，准噶尔部发生内乱，力主进兵伊犁，统一了天山北部。三十四年，缅甸战役中染病。三十五年，在京病故，谥号“文忠”。

傅恒家族宗祠碑　满汉文合璧，乾隆十四年（1749）立。原址在北京市东城区景山东街东口路北，今存北京石刻艺术博物馆。

碑身

乾隆十四年三月初七日内閣奉
上諭人子報本之忱必合兩祖國家酬庸之典爰及所生大學士公傅恒夙夜宣猷襄贊樞
機良弼盡辭之際朕欲加恩賜立祠堂秩於祀典大學士公傅恒奏稱臣仰蒙高厚榮貴
及錫其貽勳臣須宜都循國維之例勑建宗祠春秋致祭增光俎豆用獎忠勤著該部即
例將典秩祀增榮茲者太保大學士一等忠勇公傅恒稟承
聖謨撫寧遐徼
皇上嘉乃丕績恩及所生令其祖考忠貞衍慶令臣等詳議祀典
勑建宗祠臣等查得大學士公傅恒曾祖哈什屯祖米思漢父李榮保前蒙
特恩均追封公爵妻俱封為公妻一品夫人應請照例建立正祠三間各設版閣按照穆安設
遣太常寺堂官行文致祭祭祀壯羊酒帛等項交大常寺備辦蓋造祠堂暨一切祭祀應用
遣大臣行文致祭一次如此則堂宇輪奐祭祀適時允足以示
隆恩而昭盛典矣於乾隆十四年三月二十四日題准又於四月初十日工部奏辦建立宗祠
旨正祠著蓋五間欽此

碑身局部

碑额

额题 满汉文“敕建”。

傅恒等撰《御批历代通鉴辑览》书影 乾隆三十三年（1768）武英殿刻朱墨套印本。乾隆帝对此书“详加评断”，因此成为“御批”。该书成为科举考试评史的标准，对后世影响很大。选自《盛世文治》。

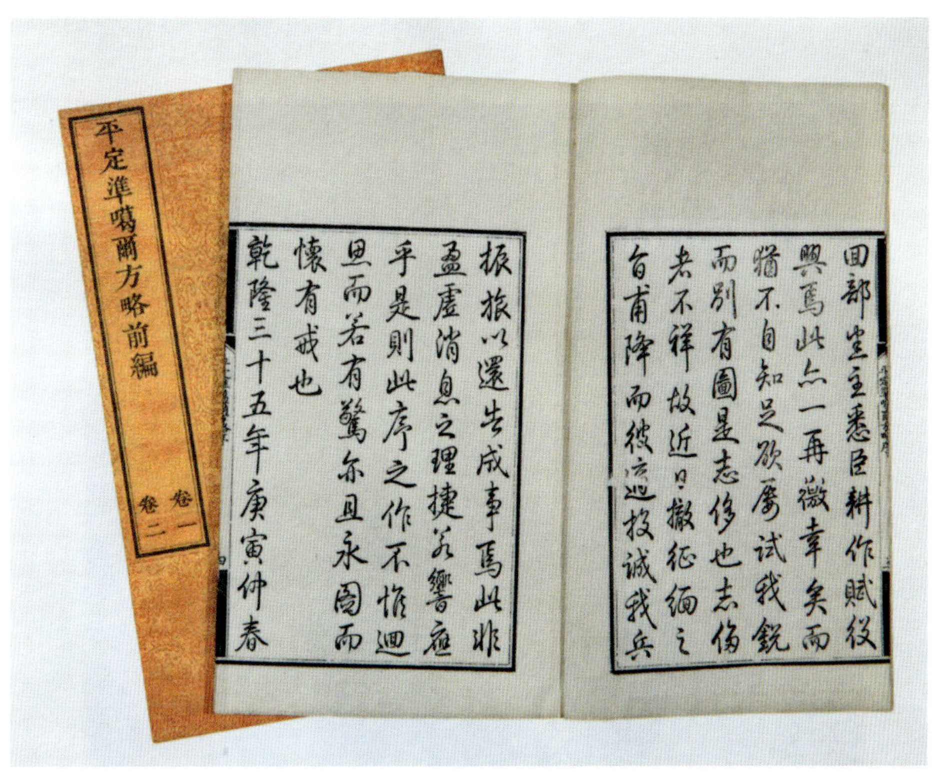

傅恒等撰《平定准噶尔方略前编》书影　乾隆三十五年（1770）武英殿刻本。乾隆二十年（1755），傅恒任本书总裁。选自《盛世文治》。

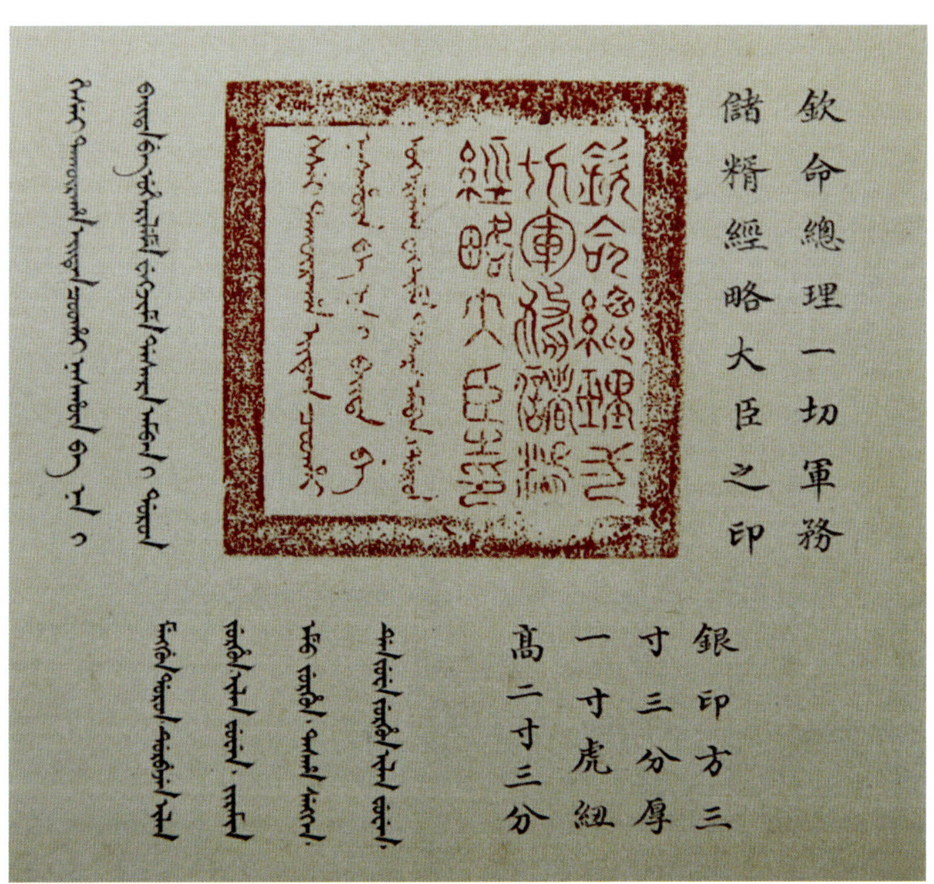

钦命总理一切军务储粮经略大臣之印印模　乾隆十三年（1748），傅恒出征金川时所用。选自《清代文书档案图鉴》。

180. 一等阿思哈尼哈番太子太保议政大臣傅恒曾祖哈什屯墓碑

哈什屯　富察氏，满洲镶黄旗。世居沙济地方，祖父旺吉努率族归附努尔哈赤，授牛录额真。皇太极时，授哈什屯为侍卫，后袭管牛录，再升任礼部参政。崇德二年（1637），从征瓦尔喀，俘获甚众。三年，迎接归降的明石城岛总兵沈志祥。重定官制时改任礼部副理事官。顺治年间，曾先后任内大臣、议政大臣，累加世职至一等阿思哈尼哈番加拖沙喇哈番。十二年，加太子太保。十三年，因年长离任。康熙二年（1663），去世，享年六十六岁，谥号“恪僖”。十三年，追封为一等公。十四年，以其曾孙大学士傅恒经略金川功成凯旋，赐建宗祠，祭祀自哈什屯始。

哈什屯墓碑　残碑，满汉文合璧，康熙初年立。今存北京石刻艺术博物馆。

碑身局部（上）

碑身局部（中）

碑身局部（下）

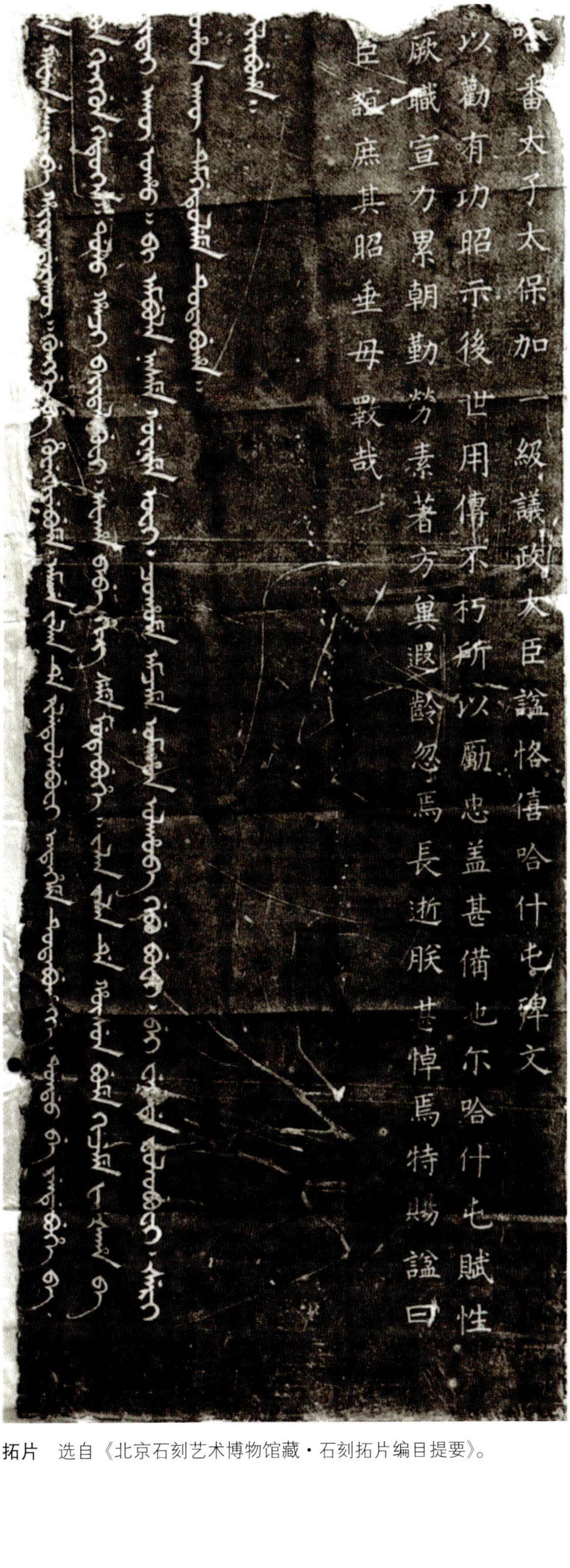

[illegible]番太子太保加一級議政大臣謚恪僖哈什屯碑文
以勤有功昭示後世用僖不朽所以勵忠蓋甚備也尔哈什屯賦性
厥職宣力累朝勤勞素著方冀遐齡忽焉長逝朕甚悼焉特賜謚曰
臣謚庶其昭垂毋斁哉

拓片 选自《北京石刻艺术博物馆藏·石刻拓片编目提要》。

181. 都统驻藏大臣傅恒弟傅清左都御史拉布敦双忠祠碑

傅清　富察氏，满洲镶黄旗。李荣保次子，傅恒弟。雍正朝授侍卫。乾隆初授天津镇总兵，后以副都统驻藏。十三年（1748），以拉布敦接任，复任天津镇总兵，又任古北口、固原提督。十四年，西藏郡王颇罗鼐去世后，二子争权。复授都统衔赴藏，任驻藏大臣。次年，进入拉萨，侦知珠尔默特那木扎勒逼死其兄，勾结准噶尔部图谋叛乱，乃与拉布敦设计诱杀。叛众包围驻藏大臣衙署，终因寡不敌众，自杀身亡。追封一等伯，在通司岗驻藏大臣衙门立祠，谥号“襄烈”。

拉布敦，栋鄂氏，满洲镶红旗。其先世对齐巴颜率部归附努尔哈赤。其父在康熙朝曾任礼部尚书。雍正朝，从傅尔丹出征准噶尔部，以骁勇授世管佐领。乾隆朝历官副都统、参赞大臣、定边左副将军、工部侍郎、左都御史。十三年（1748），受命赴藏代傅清。次年，进入拉萨。在与傅清诱杀叛乱头目珠尔默特那木扎勒中，寡不敌众，自杀身亡。抚恤与傅清相同，并命拉布敦之族升隶正黄旗，谥号“壮果”。

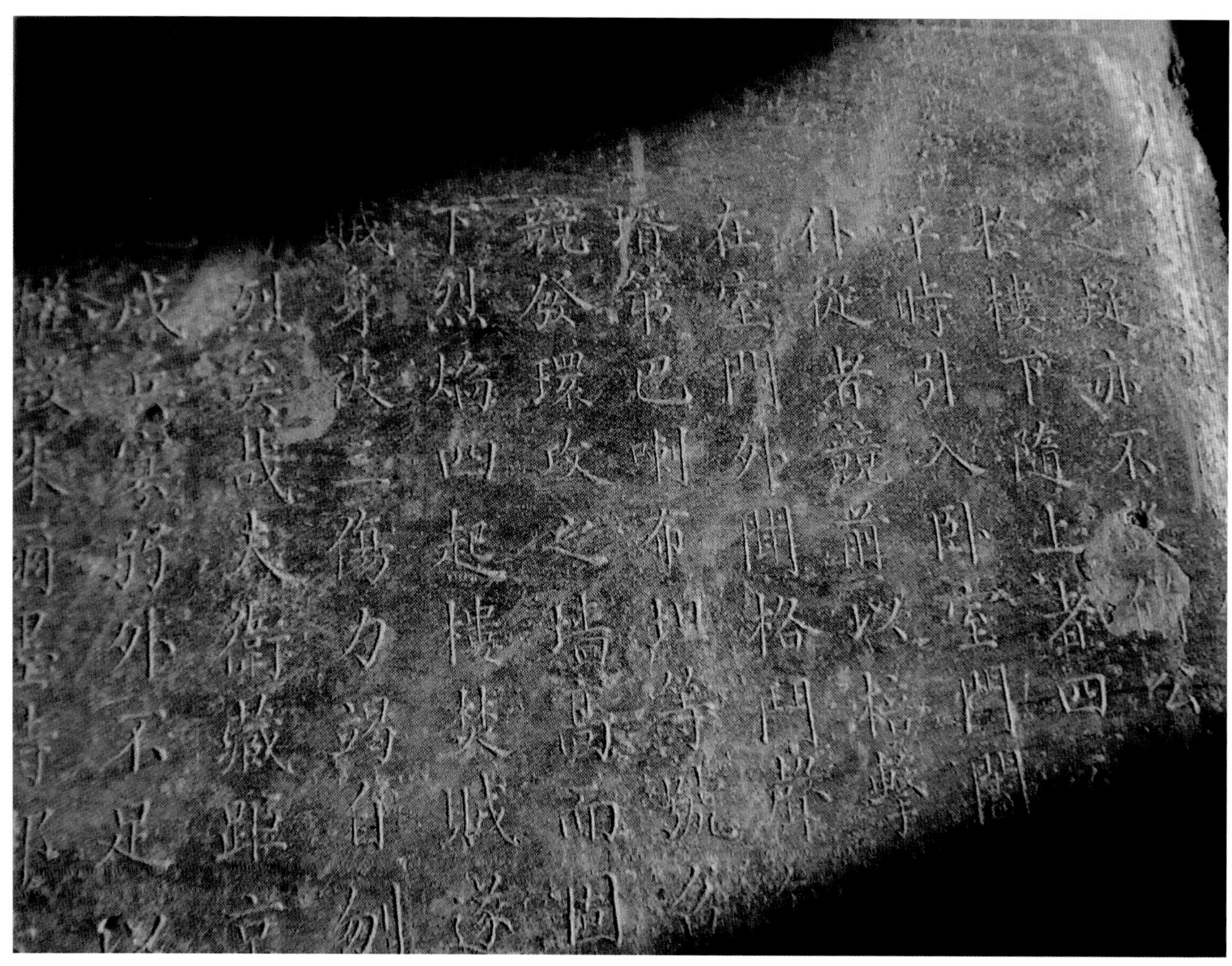

傅清、拉布敦双忠祠碑（旧照）　乾隆五十八年（1793）立。乾隆十五年，驻藏大臣傅清、拉布敦在驻藏大臣衙门遇难，乾隆帝下令在西藏拉萨和北京崇文门内建双忠祠。乾隆五十八年，福康安率军击退廓尔喀侵略军，途经拉萨，拜谒双忠祠，并对双忠祠重新进行了修整。为此，他还写下了《福康安修双忠祠碑记》。原址在驻藏大臣衙署内的双忠祠里，今存西藏自治区拉萨市文物局。选自《拉萨建筑文化遗产》。

182. 太子太保兵部尚书和硕额驸一等忠勇公傅恒次子福隆安墓碑

福隆安　富察氏，满洲镶黄旗。傅恒次子，其妻为乾隆帝女和嘉公主，授和硕额驸。乾隆二十三年（1758），授御前侍卫。三十三年，升任兵部尚书兼军机大臣、议政大臣，又调任工部尚书。其后，历任总管内务府大臣、理藩院尚书、领侍卫内大臣、署满洲镶黄旗都统、《四库全书》馆总裁、国史馆总裁、满洲正白旗都统等职，加太子太保，承袭一等忠勇公爵。四十九年，去世。赐祭葬，谥号“勤恪”。

福隆安墓碑　残碑，满汉文合璧，乾隆四十九年（1784）立。原址在北京市朝阳区八里庄松公坟东村（大望桥东南），与和嘉公主石牌坊在同一地，今立于北京科举匾额博物馆门前。

碑身局部（上）

身局部（中）

身局部（下）

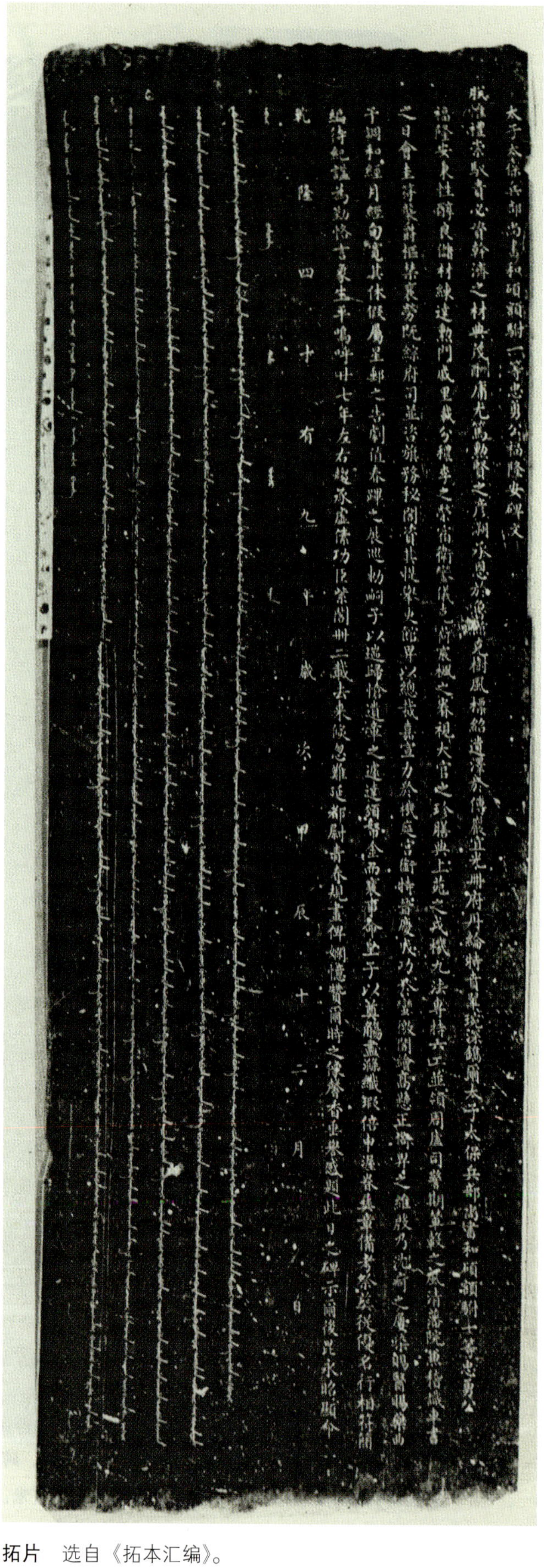

拓片　选自《拓本汇编》。

侧面

北京科举匾额博物馆

福隆安墓碑（左）与苏尔兖衣诰封碑（右） 苏尔兖衣诰封碑今已移至北京市奥林匹克公园。

183. 盛京兵部侍郎福隆安子丰绅济伦汉文墓碑

丰绅济伦　富察氏，满洲镶黄旗。因是福隆安与和嘉公主之子，视为和硕额驸品秩，任汉军镶蓝旗副都统、奉宸苑卿。乾隆四十九年（1784），袭爵一等忠勇公。官至兵部尚书，领銮仪卫。嘉庆年间，因过降职，官终至盛京兵部侍郎。十二年，去世。

丰绅济伦汉文墓碑　嘉庆十二年（1807）立。原址在北京市高碑店松公坟东村，今立于朝阳区佳兆业广场院里碑亭内。

碑身

碑额

额题　汉文“御赐碑文”。

碑座

碑身局部

碑亭

184. 盛京兵部侍郎福隆安子丰绅济伦满文墓碑

丰绅济伦满文墓碑 嘉庆十二年（1807）立。原址与汉文碑同，今立于汉文碑左侧。

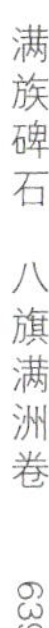

额题 满文，汉译“御赐碑文”。

碑额

碑身局部

碑座

满汉文墓碑 左为满文碑，右为汉文碑。

185. 御前大臣领侍卫内大臣太子太保武英殿大学士吏部尚书兼兵部尚书一等嘉勇公大将军傅恒第三子福康安撰磨盘山新建关帝庙记碑

福康安　富察氏，字瑶林，满洲镶黄旗。傅恒第三子。乾隆年间初袭云骑尉世职，先后任三等侍卫、户部侍郎、满洲镶黄旗副都统。三十八年（1773），从征大小金川有功，封为三等嘉勇侯，后晋为一等，任满洲正白旗都统。其后历任吉林、盛京将军，云贵、四川总督兼署成都将军，工部尚书，兵部尚书，总管内务府大臣，陕甘总督，户部尚书，吏部尚书，协办大学士，两广总督，武英殿大学士，加太子太保。五十六年，率军入西藏，击退廓尔喀侵略军，提出西藏善后十八事，为朝廷采纳。六十年，病故，谥号“文襄”。

福康安撰磨盘山新建关帝庙记碑　汉文，乾隆五十八年（1793）立。今立于西藏自治区拉萨市磨盘山关帝庙。本图片由庞淼提供。

罕指出若干將其姓名生年月日名寫一籤
貯於
欽頒金本巴瓶內揀選熟習經典喇嘛虔誠誦經七
日傳知各呼圖克圖喇嘛等齊集佛前駐藏大
臣親往監視凡達賴喇嘛班禪額爾德尼之呼
畢勒罕即仿互為師弟之義令其互相拈定如
吹忠四人所指皆同祇有一呼畢勒罕出世者
擬寫名籤一枝另加空籤一枝入於瓶內如法
誦經若對衆掣出空籤則名籤之呼畢勒罕並
非確實是以不為佛佑即別尋呼畢勒罕另行
籤掣以杜吹忠等串通妄指之弊籤上須兼寫
清漢唐古特三樣字使大衆一望而知不致為
所朦混至前後藏各大呼圖克圖之呼畢勒罕
亦令駐藏大臣監同達賴喇嘛照例掣籤方可
定準其餘如察木多類烏齊等處呼圖克圖廟
宇距藏較遠所出之呼畢勒罕非大呼圖克圖
可比向來不由藏地吹忠指認仍應照舊令其
徒衆自行尋覓再藏內向未諷誦伊魯爾經之
處即係大昭臣等已親至大昭揀擇寬敞經堂
掃除潔淨俟
御前侍衛惠倫
乾清門侍衛阿爾塔錫第恭賚金本巴瓶到時臣
等即行送往大昭內宗喀巴前供奉並選派誠
實喇嘛專司看守以昭誠肅所有臣等酌議緣
由除俟奉到
諭旨再行傳知達賴喇嘛等遵照外敬謹繕摺具
奏伏乞
皇上睿鑒訓示謹
奏
乾隆五十七年十月 二十三 日

福康安、孙士毅、和琳奏报设立金奔巴瓶折 选自《清史图典·乾隆朝》。

碑额 额题汉文“万年不朽”。

碑座

臣福康安孫士毅惠齡和琳跪
奏為遵
旨設立金本巴瓶拈定呼畢勒罕以興黃教事查達
賴喇嘛班禪額爾德尼為黃教之宗自宗喀巴
流傳至今凡達賴喇嘛班禪額爾德尼圓寂後
不迷本性俱有呼畢勒罕出世以衍其教向係
令吹忠等作法降神秉公指認是以化身示現
僧俗人等悉皆信以為真歷輩以來仰蒙
天朝衛法興教
恩禮優隆各蒙古部落以及各處大小番族俱憑吹
忠作法指定誠心敬奉遠近皈依是達賴喇嘛
班禪額爾德尼轉世後必有實在根基向來遠
近番民數萬眾總以作法降神為敬信竟成相
沿不改之習然行之既久其中妄指之弊定所
不免即如藏內各呼圖克圖內仲巴為前輩班
禪額爾德尼之兄哲卜尊丹巴呼圖克圖為達
賴喇嘛之姪而丹津班珠爾之子即係三巴呼
圖克圖之呼畢勒罕族屬姻婭遞相傳襲誠如
聖諭竟與世職無異各呼畢勒罕既出於一家親族
不能使人無疑恐將來達賴喇嘛班禪額爾德
尼之呼畢勒罕若亦指認未真於事殊有關係
仰蒙
聖主振興黃教
頒發金本巴瓶一件令將吹忠四人所指之呼畢勒
罕姓名及生年月日各寫一籤貯於瓶內對眾
拈定實足以防弊竇而愜眾心奉到節次
諭旨仰見我
皇上釐定正教撫馭外番於因勢利導之中寓循名
責實之意臣等實深欽佩並敬向達賴喇嘛班
禪額爾德尼濟嚨呼圖克圖大喇嘛及吹忠等
宣示
聖諭無不感激悅服茲復欽遵

碑身局部

碑身

磨盘山新建关帝庙山门 选自《拉萨建筑文化遗产》。

福康安画像 选自《清史图典·乾隆朝》。

186. 都统品级办理正白旗护军统领事务哈岱谕祭碑

哈岱　马佳氏，满洲镶黄旗。世居马佳地方，四世祖尼马禅与其兄赫东额率五十五户归附努尔哈赤，授为备御。乾隆年间，哈岱历任都统兼办理正白旗护军统领事务、乾清门侍卫兼佐领。以覃恩封为光禄大夫，妻卢氏封为一品夫人。乾隆十四年（1749），病故。

哈岱谕祭碑　满汉文合璧，乾隆十四年（1749）立。今立于北京市朝阳区马泉营村。

额题 满汉文“圣旨”。

碑额

碑身局部

187. 封都统品级办理正白旗护军统领事务兼佐领哈岱为光禄大夫妻卢氏为一品夫人诰封碑

哈岱及妻卢氏诰封碑（碑阴） 满汉文合璧，乾隆十四年（1749）立。碑阳无法拍照。今立于北京市朝阳区马泉营村，哈岱谕祭碑南面。

碑阴局部

碑阴拓片　选自《拓本汇编》。

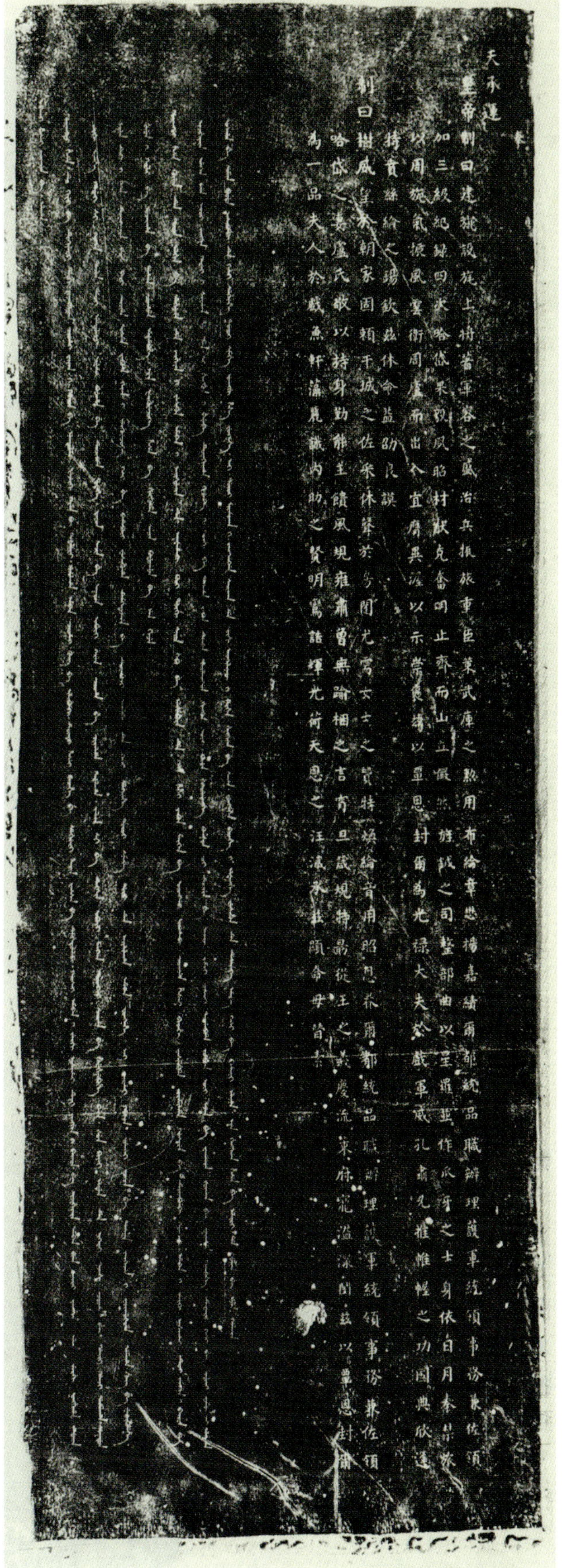

碑阳拓片　选自《拓本汇编》。

188. 直隶总督那苏图墓碑

那苏图　戴佳氏，字羲文，满洲镶黄旗。先祖兑齐世居杭佳地方，后归附努尔哈赤。康熙五十年（1711），承袭拖沙喇哈番，授蓝翎侍卫。雍正年间，任兵部侍郎、黑龙江将军、奉天将军。乾隆初年，任兵部尚书，刑部尚书，两江、湖广、闽浙、两广、直隶总督。十三年，加太子太保，任领侍卫内大臣，仍留总督任。十四年（1749），暂署河道总督；同年，去世，谥号“恪勤”。

那苏图墓碑　满汉文合璧，乾隆十四年（1749）立。原址在北京市房山区周口店西庄村，今存房山区文物管理所。本图片由房山区文物管理所提供。

碑座

碑额

原任直隸總督那蘇圖碑文

抒誠宣力緬懷屏翰之勳賜卹酬庸備舉哀榮之典式稽彝憲用錫鴻稱爾原任直隸總督那蘇圖稟性樸誠賦才優裕承恩世職列銜內廷戎閫揚威早著干城之望秋官執法聿彰明允之聲綸綍頻宣荷封疆之重寄節麾屢昇具經緯以咸宜兩江三楚之區風清日燠百粵八閩之域吏畏民懷洎總制邦畿益勵公忠而奉國更兼司河務尤攄恪慎以集功錫宮銜而秩亞公孤領羽衛而職親左右乃勤勞之日積遽疢疾之弗瘳眷念勳猷良深哀軫布[illegible]筵而設奠進宮傅以增榮飾終之禮有加頒帑金而營葬垂後之恩宜渥核素行以易名謚曰慤勤以彰厥歷於[illegible]駿烈長留于奕世鐘鼎生輝龍光永賁于豐碑松楸煥彩昺爾有後昭示來茲

乾隆十四年十二月十九日

拓片　选自《拓本汇编》。

189. 直隶总督那苏图谕祭碑

那苏图谕祭碑 满汉文合璧，乾隆十四年（1749）祭。原址在北京市房山区周口店西庄村，今存房山区文物管理所。本图片由房山区文物管理所提供。

额题 满汉文“谕祭”。

碑额

碑座

190. 太子太保总督川陕等处地方军务兼理粮饷兼都察院右都御史尹继善等北镇万寿寺香灯记题名碑

尹继善　章佳氏，字元长，满洲镶黄旗。生于康熙三十五年（1696），大学士尹泰子。雍正元年（1723）进士，历任编修、内阁侍读学士、江苏巡抚、河道总督、两江总督、云贵广西总督。乾隆二年（1737），历任刑部尚书兼管兵部，川陕、两江总督，户部尚书，文华殿大学士兼翰林院掌院学士，加太子太保。一督云、贵，三督川、陕，四督两江。在江南前后三十年，颇受赞誉。三十年，乾隆帝南巡，赐御书榜。三十六年，病故，享年七十六岁。赐祭葬，谥号“文端”。乾隆十六年（1751），时任太子太保、总督川陕等处地方军务兼理粮饷兼都察院右都御史加三级的尹继善与广宁地方官员等在北镇万寿寺香灯碑记中题名。

尹继善等北镇万寿寺香灯记题名碑　汉文，乾隆十六年（1751）立。今存辽宁省北镇市北镇庙院内东侧。

碑额　额题汉文“香灯碑记”。

碑阴碑额　额题汉文“功德无涯”。

碑身

碑身局部（上）

碑身局部（中）

碑身局部（下）

碑阴碑身局部

191. 乾隆帝赐两江总督尹继善御笔碑

乾隆帝赐尹继善御笔碑 乾隆二十二年（1757）题。今立于江苏省南京市原两江总督署东院内。

乾隆帝印章

192. 巡抚江宁等处地方总理粮储提督军务兵部右侍郎兼都察院右副都御史尹继善题奏碑

尹继善题奏碑 汉文，乾隆初年。今立于江苏省苏州市天平山高义园。

巡撫江寧等處地方總理糧儲提督軍務兵部右侍郎兼都察院右副都御史加三級臣尹繼善謹
以萬金之良田為族中之公産敦睦親甚屬可嘉應加旌奬以示鼓勵着該部察例具奏

碑身

碑额　额题汉文“玉音”。

碑亭

193. 漕运总督瑚宝墓碑

瑚宝　伊尔库勒氏，满洲镶白旗。雍正五年（1727）武进士，授三等侍卫。九年，升任肃州镇右营游击。乾隆十二年（1747），升任固原提督。十三年，署甘肃巡抚兼办总督事，授兵部尚书，遂署陕甘总督，再调湖广，又改任漕运总督。后因失察夺官，仍留任。不久去世，谥号“恭恪”。

瑚宝墓碑　满汉文合璧，乾隆二十一年（1756）立。原址在北京市朝阳区东坝七棵树，今立于奥林匹克公园。

碑身

碑额

额题 满汉文“铭赐”。

碑身局部（一）

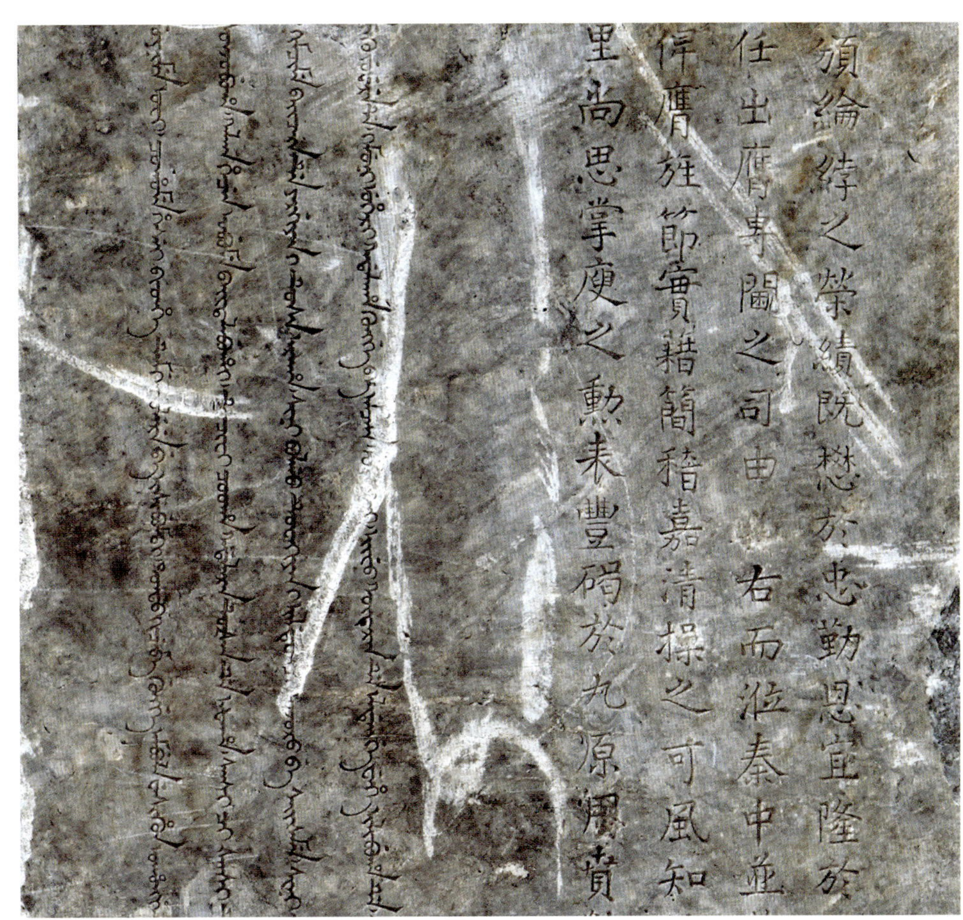

碑身局部（二）

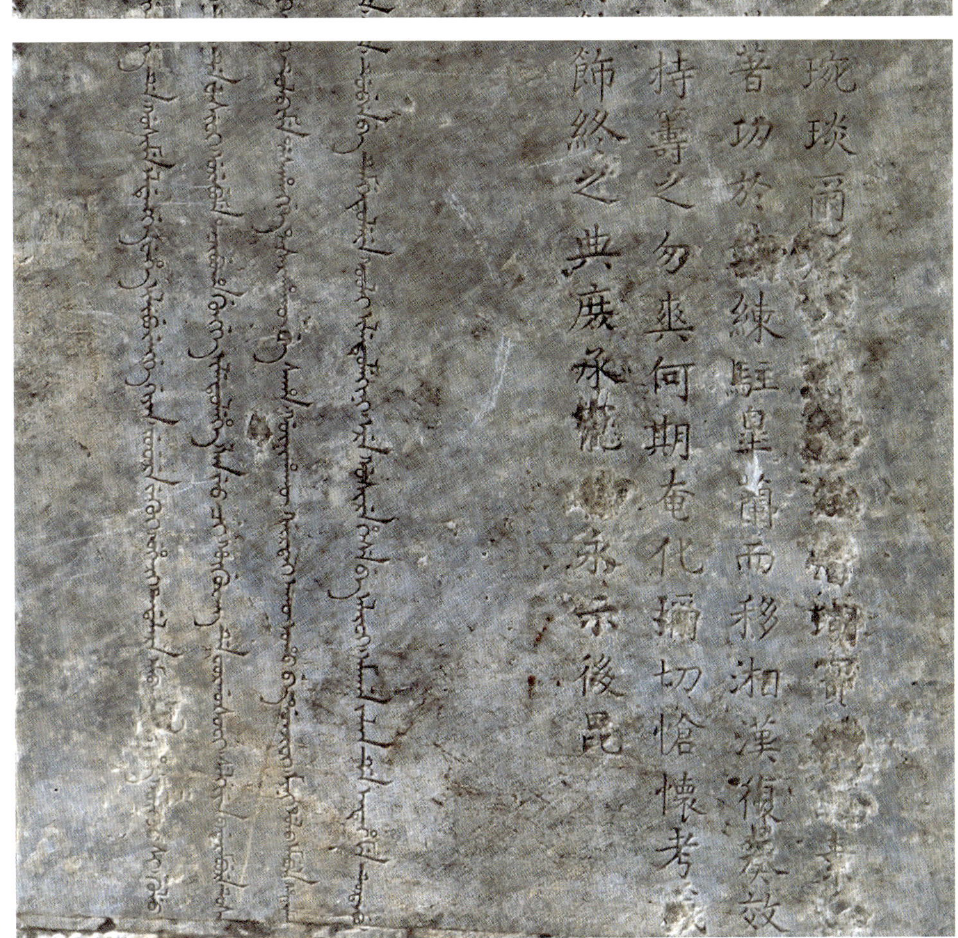

碑身局部（三）

194. 管理义州处城守尉通议大夫雅都等重修义州奉国寺碑

雅都　乾隆二十一年（1756），时任管理义州处城守尉、通议大夫，记录八次。在任时与诰授奉直大夫、知奉天锦州府义州事、前内阁中书兼红本事，加四级记录一次德明参与重修义州奉国寺。

雅都等重修义州奉国寺碑（左） 汉文，乾隆二十一年（1756）立。今立于义县奉国寺大雄殿内东侧。

碑座

碑额　额题汉文“勒石刻铭”。

大清重修義州奉國寺碑記
自金人夢卜於漢庭而浮屠遂
士誦傳面壁四十九年儒者借
盛於唐崇於梁隋代代未艾也
角峻巖粉垩凝霞第多歷年所
本朝屢有葺補俱勒金石沿及近今
協力捐貲十六年而鳩工至廿
此雖助無為之教而寔邉城之
苦海甚難置喙因伏而思曰渡
際市廛更足崇觀果其棟宇能
籍擅那之力寸甍寸瓦無非長
緣世人妄談慧劍吾亦暫坐慈
管理義州處城守
誥授奉直大夫知奉天錦州府義州
奉　天　錦　州　府
旨
乾隆二十一年歲次丙子

碑身局部

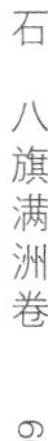

大清重修義州奉國寺碑記

自金人夢卜於漢庭而浮屠遂徧於華夏涅槃彼岸厥惟幻哉六通三緣抑又安矣惟青蓮三十二相方
士誦傳面壁四十九年儒者借口他如諸緣外息隱類存遍之旨六道輪迴彷彿彰源之宗以故興於漢
盛於唐崇於梁隋代代未艾也茲者義城東街奉國寺相傳創於遼之開泰九年殿宇輪奐翬飛煥彩層
角峻巖粉堊凝霞第多歷年所時或傾頹至
本朝屢有葺補俱勒金石沿及近今又見摧敗達官長者因傾破慳之囊善士信商咸種淨土之果募緣中外
協力捐貲十六年而鳩工至廿年而告竣頹者整之廢者修之缺者補之舊者新之倏爾興舉煥然舊觀
此雖勛無為之教而實邊城之一壯觀也執事者因而索文於余以示不朽余幾為諛詞幾為蹐蹴歆文
苦海甚難置喙因伏而思曰渡杯江上曾聞南國之宗飛錫鋒頭尚啓東林之寺刹茲拈提係稱古剎廟
除市廛更足崇觀果其棟宇能巍煥妥見百鳥不啣花幸得革故而鼎新要非諸首以成畫一木一椽亦
籍檀那之力寸覺寸飛無非長者之金釋云回心以種果吾謂即福以為田雖其一意之善堪償七滿之
緣世人妄談慧劍吾亦暫坐慈室遂濡筆而為之書云

管理義州處城守尉通議大夫紀錄八次雅都
誥授奉直大夫知奉天錦州府義州事前內閣中書兼紅本事加四級紀錄一次德明
奉天錦州府錦縣學廩膳生員陸倬謹撰并書

皆乾隆二十一年歲次丙子孟春月　吉日立石

石工陳詩

碑身

楊殿元 袁自一 柴廣生 楊宗財 閆章 高先亮 楊相 黄佐相 李敦庚 王化淳 杜憲孔 刘荆白 吉秀章 義發号 刘玉輝 趙自福 王啓公 許九富 賈明珠 徐進義
韓君一 葉岳王 李清一 許自本 張德公 周化龍 郭大廷 陳紫垣 王福興 楊世輮 沈崇蘭 周咸公 李宏 陳福 高子貴 才子美 郭進録 王尚基 史玉美 楊如柏
紀敦之 田润生 趙永昌 張宗照 趙永佑 武魁 郝存文 田雲章 張景韓 楊景棟 濟增富 刘国祥 崔峻 紀義祖 崔洞天 呂瑞正 田玉佩 楊名揚 韓若方 呂有濟
陶自晏 張三公 温鳳奇 張興富 韓旺 康之瑞 韓嘉寧 高子介 王同公 劉顯贅 陳萬金 周基盛 尹德貴 刘天相 白復生 刘玉公 李芬 袁崗 公進玉 趙希聖
趙崇章 楊自盛 楊子福 刘琉 高全瑜 郝滿庭 温晏臣 宋溪安 宋錫九 馬秀龍 任景玉 張殿庚 田可宸 趙邁千 郭崇本 刘文魁 蔣寧 佟廣學 貫崑 鄭枝瑟
孫仁伯 張靜公 貢可玉 高全賦 李旺成 張指揮 郭玉明 楊振廣 葉燦文 許天霞 張儒 高明远 張殿 李如珩 李天貴 刘希聖 刘士忠 曹提升 周府 刘珂
張潔公 王太豊 苗永吉 賈存林 馮士聰 温昌掌 賴應福 馮殿元 何鵬程 夏文 李義 丁超凡 牛會仙 鄭尚禧 黄玉佟 袁玉龍 張獻珍 卜席珍 岳魁 崔尚勇
郭秉然 陳德之 杜秉元 程登福 喬大林 王正興 郭維臣 刘燦仁 宋立德 梁振英 周大利 孟光輝 么瑞 王慎之 刘名揚 宋周臣 李天英 石份 趙瑜 李有成
李建岩 龔尚哲 張大成 温天保 段繼聖 温昌職 趙敦賢 陳繼先 李運來 樊士和 李明山 梁君美 張玉公 張鳳文 張景天 陳昱公 于昇庚 董俊一 范同占 盧元基
趙俊發 韓明仁 温李智 喬振知 梁開周 程登珍 武敬德 趙瑞安 袁襄雲 張凡才 王福仁 刘文泓 何孫聖 刘傑 温展石 王希羅 趙俊 高世英 蕭廷凤 李月明
劉漢傑 王君佐 武雷顯 刘增業 郭榮興 李復良 馮富 趙盛九 李尔昌 馮綸 齊文秀 張翼 柴万良 榮富章 郝玉清 刘東山 趙人文 陸文哲 胡甫玉 王宰馨
徐美士 白耀亭 王欽 梁汾操 鄭国興 閻復明 王英 趙經元 張蘭生 苗鎧 裴自忠 刘一臨 張士義 孟宗祥 趙瑞征 張世發 王春來 馬維武 王治民 崔九義
陳漢知 孫玉安 李自桂 白永林 樊相克 王国良 史正宝 呂潤宇 畢卓功 李藩 王廷貴 宗清白 熊羽文 李照祥 紀奉之 刘子玉 鄧大 謝含芳 孫如玉 曹盛全
尤恒吉 高騰霄 張坤 馬和合 高全旺 岳三魁 郭汝志 李瑞生 魏霖 陳勤學 白萬利 孫士奇 潘直公 陳全德 楊獻 喬得邵 宋子霆 李麒 高立勛 王玉林
林佩之 王士九 楊枝魁 李桂良 段義 王承英 宋君美 薛德生 曹弘祖 聶偉 尹宗舜 王君瑞 刘西庚 曹文亮 呂茂生 張起亮 刘景白 李會元 張萬鎰 曹信
高君佐 李漢臣 段世璧 喬大興 喬禄 高三宝 馬秉良 趙君章 趙行義 周璞 薄永寧 安永平 商福臣 喬懷璽 商玉崑 周坦 李展清 戴天禄 李福 馬祥
鄔尚友 張明公 盧士威 李奇發 張珩 貢可貴 趙大宗 吳俊芳 楊世文 郝進登 杜董臣 元裕 李養全 鄭廷璽 劉潔公 王爱魯 王則富 徐富貴 盛如相 馬從義

碑阴碑身

碑座（阴面）

碑阴碑额

徐来聘 孫鎰若 朱輔廷 韓若發 史文正 刘若玫 閆賦茂 徐毓文
楊殿元 凌占一 紫廣生 楊宗財 閆章 高先亮 楊相 黄佐相
韓君一 葉培生 李清一 許自本 張德公 周化龍 郭大廷 陳紫垣
紀敬之 田潤生 趙永昌 張宗照 趙永佑 武魁 郝存文 田雲章
陶自晏 張三公 温风奇 張興富 韓旺 康之瑞 韓嘉寧 高子介
趙崇華 楊自盛 楊子福 刘玩 高全瑜 郝滿庭 温晏臣 宋溪安
桑仁伯 張静公 負可玉 高全賦 李旺成 張指揮 郭玉明 楊振彦
張潔公 王太豊 苗永吉 賈存林 馮士聰 温昌掌 魏應福 馮殿元
郭秉然 陳德之 杜承元 程登福 喬大林 王正興 郭維臣 刘燦仈
李建若 龔尚哲 張大成 温天保 段継聖 温昌職 趙敬賢 陳継先
趙俊發 韓明仈 温李智 喬振知 梁開周 程登珍 武敬德 趙瑞安
劉漢傑 王君佐 武雷顕 刘增業 郭榮興 李復良 馮冨 趙盛九
徐美士 白耀亭 王敏 渠涝濼 郭国興 閆復明 王英 趙經元
陳漢知 孫玉安 李自桂 白永林 韓相克 王国良 史正宝 呂潤宇
尢恒吉 高騰霄 張坤 馬和合 高全旺 岳三魁 郭汝志 李瑞生
林佩之 王士九 楊枝魁 李桂良 段義 王承英 宋君美 薛德生
高君佐 李漢臣 段世壁 喬大興 喬禄 高三宝 馬秉良 趙君章
鄔蘭友 張明公 盧士盛 李奇發 張玠 負可貴 趙大宗 吳俊芳

碑阴碑身局部

195. 钦差致祭官礼部左侍郎正红旗满洲副都统介福致祭碑

介福　满洲镶黄旗。乾隆十一年（1746），由内阁学士授盛京刑部侍郎，历任吏部右侍郎、吏部左侍郎、经筵日讲官、起居注、礼部左侍郎兼管翰林院掌院事仍管内阁学士事、满洲正红旗副都统加三级。二十二年，作为钦差大臣到泰山东岳岱庙致祭。二十七年，去世。

介福致祭碑　汉文，乾隆二十二年（1757）祭，今立于山东省泰安岱庙内。

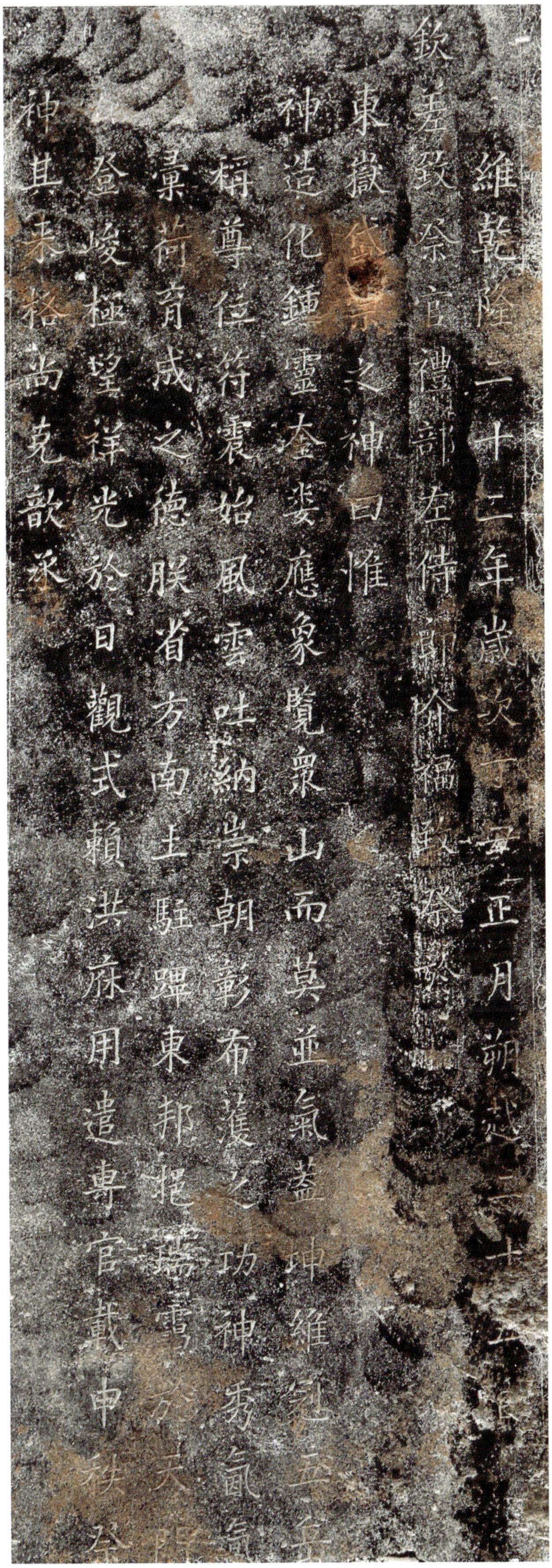

维乾隆二十二年歲次丁丑正月朔越二十
欽差致祭官禮部左侍郎介福致祭於
東嶽之神曰惟
神造化鍾靈奎婁應象覽衆山而莫並氣蓋坤維冠五岳
稱尊位符震始風雲吐納崇朝彰布濩之功神秀氤氲
稟苞育成之德朕省方南土駐蹕東邦挹瑞雪於天階
登峻極望祥光於日觀式賴洪庥用遣專官載申秩祭
神其來格尚克歆承

碑身

碑阴碑身

196. 资政大夫镇守奉天锦州等处地方副都统德录等重修温泉寺记碑

德录　满洲镶黄旗。乾隆十七年（1752），任辽阳城守尉。二十年，任锦州副都统。二十二年，时任镇守奉天、锦州等处地方副都统加九级记录四十次，诰授资政大夫。二十七年，被革职。

德录等重修温泉寺记碑　汉文，乾隆二十二年（1757）立。今立于辽宁省本溪满族自治县温泉寺内。

碑身局部

碑额

额题　汉文“勒碑刻铭”。

碑阴碑身局部

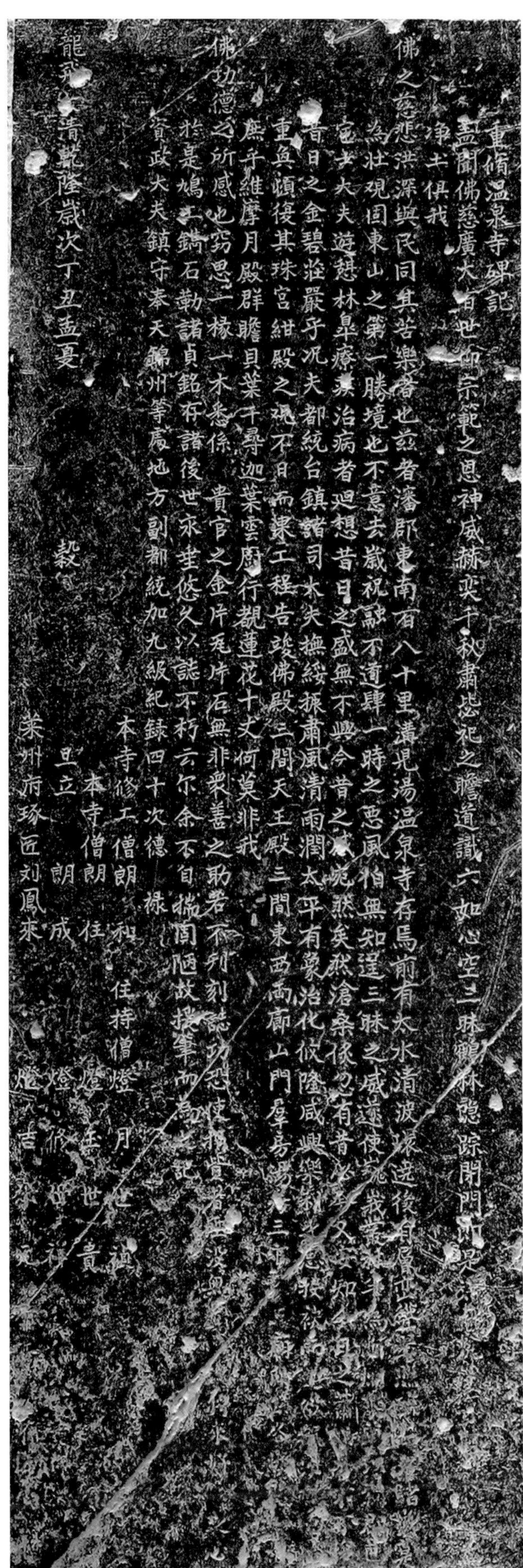

拓片 选自《本溪碑志》。

碑阴拓片 选自《本溪碑志》。

197. 经筵讲官太子太保议政大臣协办大学士事务礼部尚书仍管太常寺鸿胪寺事世管佐领三泰墓碑

三泰　瓜尔佳氏，满洲镶黄旗。世居乌喇地方，五世祖耀普托诺归附努尔哈赤。雍正、乾隆两朝，历任礼部右侍郎、左侍郎、署兵部尚书、礼部尚书、都察院左都御史、经筵讲官、议政大臣、协办大学士、礼部尚书仍管太常寺鸿胪寺、世管佐领加二级，加太子太保。乾隆二十四年（1759），病故，谥号“文恭”。

三泰墓碑　满汉文合璧，乾隆二十四年（1759）立。今立于北京市海淀区苏三四村东部。

额题 满汉文“敕建”。

碑额

碑身局部

碑身

碑阴碑身

碑阴碑额

碑阴额题 满汉文“钦赐”。

碑座

碑阴局部（一）

碑阴局部（二）

198. 特授奉政大夫知辽阳州事明德重修玉皇庙题名碑

明德　满洲镶红旗。乾隆二十二年（1757），任辽阳州知州，军功加一级又加六级记录十六次。在任时建学署和魁星楼，重修玉皇庙。二十七年卸任。曾特授奉政大夫。

明德重修玉皇庙题名碑　汉文，乾隆二十七年（1762）立。原立于辽宁省辽阳城南玉皇庙，今存辽阳博物馆。

碑身局部（上）

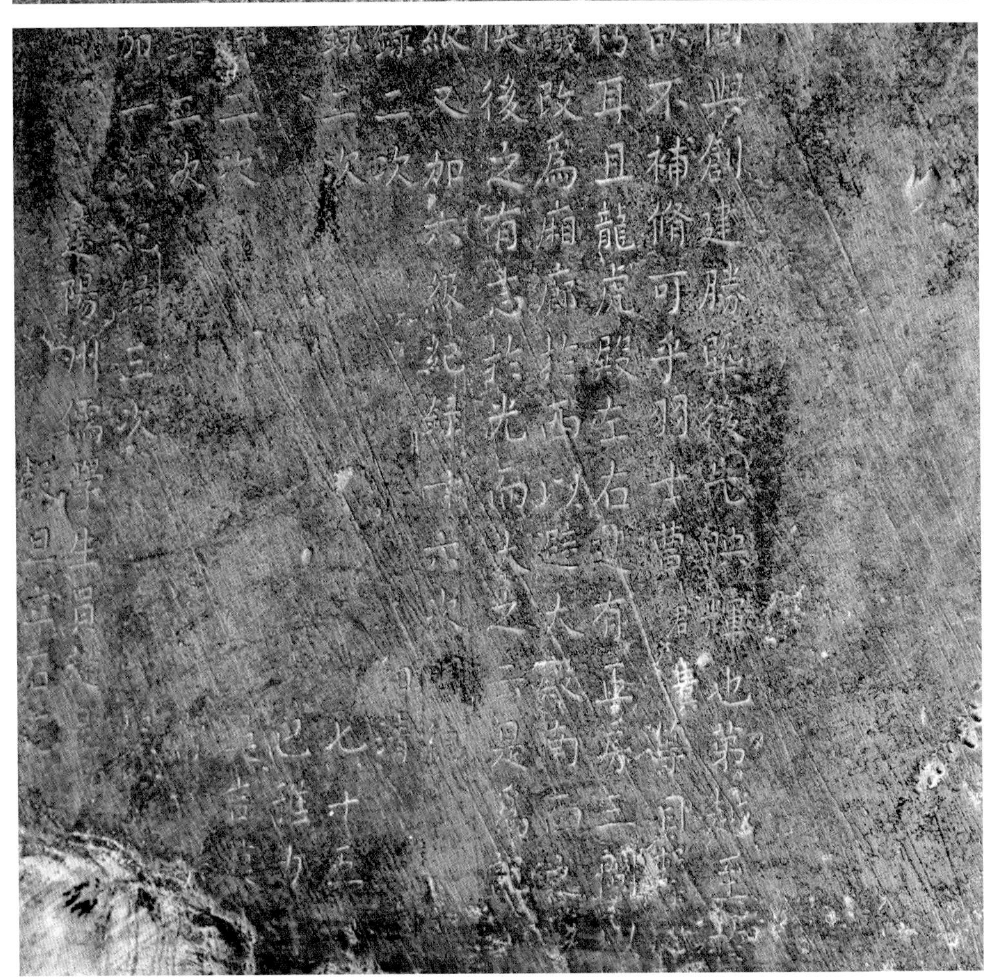
碑身局部（下）

199. 将军明瑞建祠碑

明瑞　富察氏，字筠亭，满洲镶黄旗。乾隆初年，由官学生授侍卫。二十一年（1756），以副都统衔任领队大臣，出征阿睦尔撒纳，因功升任户部侍郎，授参赞大臣，赐号“承恩毅勇公”。二十四年，出征霍集占有功，加云骑尉世职，升任汉军正白旗都统。二十七年，出任伊犁将军，晋加骑都尉世职。三十二年，任云贵总督兼兵部尚书，指挥缅甸战役，前期屡获胜利，后因孤军深入，后援不至被围困。三十三年，于围中自尽身亡。赐祭葬，谥号“果烈”，在京师建旌勇祠并立碑。

明瑞建祠碑　满汉文合璧，乾隆三十三年（1768）立。今存北京市西城区旌勇祠院内。

碑身

碑额　额题难以辨认。

碑座

碑身局部（上）

碑身局部（中）

碑身局部（下）

旌勇祠院内建筑（一）

明瑞画像　选自《清史图典・乾隆朝》。

旌勇祠院内建筑（二）

200. 云南楚姚镇总兵官国柱谕祭碑

国柱　博尔济吉特氏，满洲镶黄旗。乾隆年间，以前锋侍卫，从征大金川、准噶尔、叶尔羌、喀什噶尔。后任云南楚姚镇总兵官，再从征缅甸，军中病故。因其才能称职，性行纯良，特赐祭葬。

国柱谕祭碑　满汉文合璧，乾隆三十三年（1768）祭。原址在北京市通州区土桥，今立于通州区北杨洼小区。

碑额

额题 满汉文“圣旨”。

碑身局部

皇帝諭祭病故原任雲南楚姚鎮總兵官國柱之靈曰鞠躬盡瘁臣子之芳蹤賜卹報勤國家
之盛典爾國柱性行純良才能稱職方冀遐齡忽聞長逝朕用悼焉特頒祭葬以慰幽魂
嗚呼寵錫重壚庶沐匪躬之報名垂信史聿昭不朽之榮爾如有知尚克歆享
乾隆三十三年四月二十日
碑身

201. 诰授光禄大夫经筵讲官吏部左侍郎正黄旗汉军副都统总管内务府大臣兼管国子监事务吉林德保撰并书潭柘岫云寺募置香火田碑

德保　索绰络氏，字润亭，号定圃，满洲正白旗。生于康熙五十八年（1719）。乾隆二年（1737）进士，改庶吉士，授翰林院检讨。九年，任日讲起居注官，历任提督山西学政、侍讲学士、工部侍郎、吏部侍郎、经筵讲官、翰林院掌院学士。三十四年，出任广东巡抚、署两广总督、福建巡抚、漕运总督兼署江南河道总督。四十三年，署闽浙总督；同年，任礼部尚书。乾隆五十四年，去世，享年七十一岁，谥号“文庄”。子英和官至军机大臣，以户部尚书兼协办大学士。

德保撰并书潭柘岫云寺募置香火田碑　汉文，乾隆三十三年（1768）立。今立于北京市潭柘寺山门前。

碑身

碑身局部

额题　汉文“万古流芳”。

碑额

潭柘寺山门

202. 经筵讲官议政大臣礼部尚书管理太常寺事物兼总管内务府大臣镶黄旗汉军都统吉林德保撰潭柘岫云寺龙华道场记碑

德保撰潭柘岫云寺龙华道场记碑 汉文，乾隆四十五年（1780）记。今立于北京市潭柘寺山门前。

碑身

碑额　额题汉文“龙华胜会”。

碑座

碑身局部

203. 工部侍郎英和泰山摩崖石刻

英和　字煦斋，索绰络氏，满洲正白旗。尚书德保之子。乾隆五十八年（1793）进士。选庶吉士，授编修，累迁至侍读。嘉庆五年（1800），授礼部侍郎兼副都统。其后，历任内务府大臣、翰林院掌院学士、内阁学士、理藩院，工部侍郎，加太子少保。十二年，曾偕侍郎蒋予蒲查南河料物加价事宜。十三年，授命暂在军机大臣上行走。十八年，任步军统领、工部尚书。二十五年，旻宁即位，命为军机大臣，又调户部。道光二年（1822），以户部尚书协办大学士。四年，加太子太保。七年，因家人增租所累，出任热河都统，后授宁夏将军。因其监修宝华峪地宫浸水，被撤职，籍没家产，被遣发黑龙江充当苦差。十一年，释回。二十年，去世，赠三品卿衔。

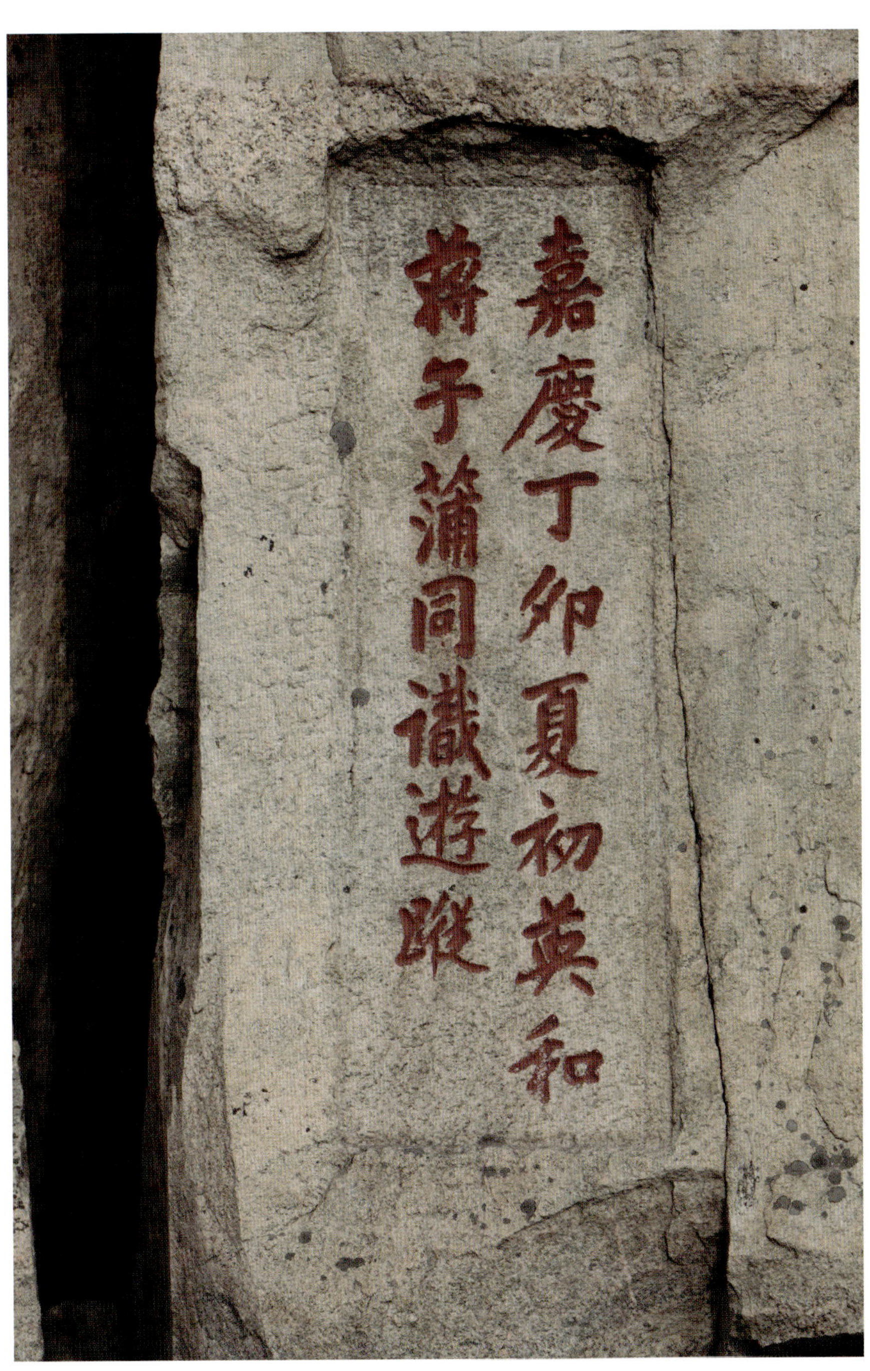

英和泰山摩崖石刻　汉文，嘉庆十二年（1807）刻。今刻于山东省泰安市泰山摩崖。

204. 皇清诰封资政大夫副都统兼议政大臣吴勒勤图二品夫人吴氏墓碑

吴勒勤图　碑中记载，诰封为资政大夫、副都统兼议政大臣；诰封妻吴氏为二品夫人。其子孙为官者不乏其人。长子时任奉天佐领，次子观音保任熊岳协领；孙金永常等任世袭佐领。乾隆三十三年（1768），为其立碑。

吴勒勤图墓碑　满汉文合璧，乾隆三十三年（1768）立。今存辽宁省沈阳市法轮寺碑林。

碑额

额题　汉文“恩滋泉壤”。

碑阴碑额

碑阴额题　汉文“二□佳域”。

碑身

碑阴碑身

205. 兴京城守尉傅公重修关帝庙碑

傅公 乾隆三十三年（1768），时任兴京城守尉。碑中记载，他在任职期间决定重修兴京赫图阿拉城内的关帝庙，并与驻防八旗防御、骁骑校等共同捐资的情况。碑中还叙述了因关帝精忠大义而脍炙人口。“我朝龙兴之始，荷仗威灵诸多显应”，因而关帝庙遍布天下。因其护国庇民，而要求旗人应该随时致祭。在重修关帝庙落成之日，特撰文勒石。由此可见，满族崇拜关帝的程度。

傅公重修关帝庙碑 汉文，乾隆三十三年（1768）立。今存辽宁省新宾满族自治县老城内。

额题　汉文“万古流芳”。

碑额

碑身局部

碑阴 额题汉文“永垂不朽”。

碑阴碑身局部

206. 加赠太子太保原任湖广总督富明安墓碑

富明安　富察氏，满洲镶红旗。先祖世居讷殷地方。父哈山为刑部尚书、议政大臣。乾隆年间，富明安历任福建按察使、广西按察使、江西布政使、山东巡抚、闽浙总督、湖广总督。三十七年（1772）去世。赠太子太保，谥号“恭恪”。

富明安墓碑　满汉文合璧，乾隆三十八年（1773）立。今存北京市通州区文物管理所。

碑身局部

存放地残损的碑座

207. 加赠太子太保原任湖广总督富明安谕祭碑

富明安谕祭碑　汉文，乾隆三十七年（1772）祭。今存北京市通州区文物管理所。

碑身局部

存放地　由下而上是富明安谕祭碑与墓碑。

208. 诰赠武翼都尉扎公墓碑（碑阴为诰封碑）

扎公　驻防吉林左翼协领布兰太之父。父因子贵，诰赠为武翼都尉，其妻扎库塔氏为淑人。乾隆三十八年（1773），子为父立碑。

扎公墓碑　满汉文合璧，乾隆三十八年（1773）立。原址在黑龙江省宁安市南朱家屯，今存宁安市红城村。

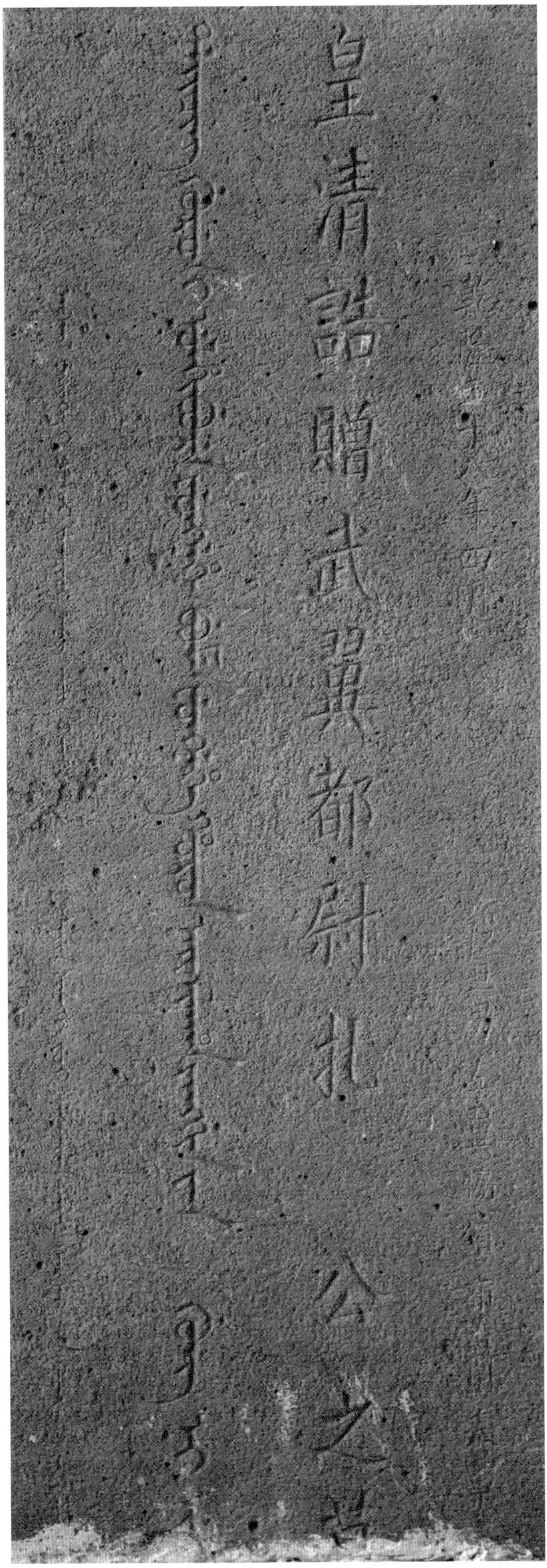

碑身

碑阴碑身

碑额 额题满汉文“圣旨”。

碑阴碑额 额题满汉文“圣旨”。

碑阴碑身局部

碑文辑录

101. 特授王府长史法礼为光禄大夫诰封碑（碑阴为墓表）

（碑阳）

奉天承运皇帝制曰磐石天宗端赖精勤之佐屏藩王室允资练达之才念乃嘉猷用章锡命尔王府长史加三级法礼强干有为朴诚自植居官克敬早侍从于绿车任事惟能久羽仪于朱邸适逢庆典宜沐殊荣兹以覃恩特授尔阶光禄大夫锡之诰命於戏贲丝纶而锡爵宠泽无私殚夙夜以抒猷靖共有位益宣后効勿替前休

康熙二十三年九月二十四日

（碑阴）

皇清诰授光禄大夫王府长史加三级民觉罗公墓表

赐进士出身奉政大夫日讲官起居注翰林院检讨加三级沾河郭罗洛阿金撰

诰授奉政大夫户部湖广清吏司郎中海宁陈奕禧书

赐进士及第文林郎国子监司业北平黄叔琳篆

从来帝王受命开创大业钟天地贞元之运发日星经纬之华天子既以神圣文武首出御极其时英贤勋旧以非常人物为名世之佐彪炳丹书焜煌矣棐世臣阀阅表先乔木良非偶也我太祖太宗肇建鸿图握符御（魔）文武诸臣攀鳞附翼而起率皆辽沈之彦世祖统一区夏永造丕基入关元功龙骧虎贲济美虞周圭邕彤庐传诸子孙称极盛焉若光禄公尤其俊伟卓越史乘所为称首者也公讳法礼生而岐嶷长而令望兼资文武年弱冠以世勋授多罗信郡王府三等护卫恪恭厥职旋升二等护卫再升一等护卫勋劳久著遂擢本府长史辅导贤王屡膺宸眷遇康熙二十三年九月二十四日覃恩诰授光禄大夫妻郭罗洛氏诰封一品夫人世臣之家咸以为荣公倜傥有大志而深沉浑厚不露圭角历职藩府襄赞忠勤虽未究其展蕴而老成敬慎为藩屏表率后来傅相莫能媲美俾祖父以来家声勿坠实有大过人者公之曾祖讳阿尔塔玺家本起天命初率诸豪众归附嘉其诚款妻以宗女称为木起姑夫官佐领命护治其属二子长讳阿山累功爵国公官都统次讳阿达海以材勇佐命在十六大臣之列即公之祖也竹帛旂常载在盟府公之父讳查他以宁远锦州松山功授拜他喇布勒哈番又以平闯贼及破腾纪斯图谢图汗□垒汗功进三等阿达哈哈番世袭罔替历任王府长史六子皆官显要公其第五子也同出母太夫人傅察氏簪缨带砺熊罴貔虎之臣莫有加焉公生于天聪九年乙亥十二月初三日亥时卒于康熙四十二年癸未三月十六日申时享年六十有九子益赛娶副都统张公女孙二尚幼女七人俱适名族卜葬于广渠门外之郊亭公夫人予姑母也阿金知公勋德家世最详述其大略表诸墓道以志不朽焉

康熙四十三年三月初三日勒石

102. 萨布素之父诰赠光禄大夫黑龙江将军虽哈纳墓碑（碑阴为诰封墓碑）

（碑阳）

康熙二十三年岁次甲子九月吉日孝男萨布素谨立

皇清诰赠光禄大夫黑龙江将军虽公之墓

康熙二十三年九月二十四日

（碑阴）

奉天承运皇帝制曰宣威效力事父资以事君锡类推恩教忠本于教孝道存激劝志慰显扬尔虽哈纳乃黑龙江将军萨布素之父倜傥负奇老成垂范鲤庭传家之训国有爪牙虎臣策报主之勋人敦诗礼兹以覃恩赠尔为光禄大夫黑龙江将军锡之诰命於戏莅官能敬已弘昌后之基有子亢宗益励在公之念予何吝于爵赏尔克世弓裘

制曰能任教忠式穀固由于母训推恩逮下疏荣必逮于慈帏用答恩勤特颁荣宠尔黑龙江将军萨布素母书木鲁氏顺柔叶德婉嫕宜家盛年不御丹铅相夫以俭永夜时闻机杼教子能劳兹以覃恩赠尔为一品夫人於戏先国后家惟贤母独知大义作忠移孝俾劳臣能绍前徽生而有闻殁且不朽

103. 赠二等精奇尼哈番金布之父宋郭拖为光禄大夫母纳喇氏为一品夫人诰封碑

大清国光禄大夫二等精奇尼哈番宋郭拖之碑

奉天承运皇帝制曰父有令德子职务在显扬臣著贤劳国典必先推锡用申新命以表前休尔宋郭拖乃二等精奇尼哈番金布之父持身有道迪子成名今以覃恩赠尔为光禄大夫二等精奇尼哈番锡之诰命於戏率行式穀泽流青史之光教子作忠荣擢紫纶之色永培祚胤益庇隆昌

制曰国之最重者惟是忠荩之臣家所由兴者以有劬劳之母特颁恩命用慰子情尔二等精奇尼哈番金布母乃纳喇氏慈能育子教可传家念兹靖共之猷实本恩勤之训兹以覃恩封尔为一品夫人於戏颁爵用以荣亲褒忠因之教孝锡隆于不匮表嘉誉于来兹钦服宠纶共承优渥

康熙二十四年三月二十四日立

104. 特授二等精奇尼哈番金布为光禄大夫封妻觉罗氏为一品夫人诰封碑

光禄大夫二等精奇尼哈番加三级金布之碑

奉天承运皇帝制曰国家思创业之隆当崇报功之典人臣建辅运之绩宜施锡爵之恩此激劝之宏规诚古今之通义尔二等精奇尼哈番内大臣加三级金布性资端谨才识渊宏奉职有年小心益励崇阶洊陟历试能勤兹以覃恩特授尔阶光禄大夫锡之诰命於戏推恩申命爰弘奖于忠贞树德懋勋尚益勤于笃棐祗服朕命勉尽乃心

制曰作朕股肱良臣所以矢夙夜靡尔女士内则亦以效励勷休命用申壶仪维懋尔二等精奇尼哈番内大臣加三级金布妻觉罗氏相夫克谐宜家著范尔夫恪勤尽职藉尔黾勉同心兹以覃恩封尔为一品夫人於戏眷此勤劳之佐久藉同心嘉尔贞顺之贤载颁异数益修内德以答殊恩

康熙二十四年三月二十四日立

105. 巡抚直隶等处地方管辖紫荆等关宣府一镇地方密云等关隘赞理军务兼理粮饷都察院右副都御史格尔古德墓碑

巡抚直隶等处地方管辖紫荆等关宣府一镇地方密云等关隘赞理军务兼理粮饷都察院右副都御史谥文清格尔古德碑文

朕惟国家于封圻大臣慎重其选务期操履坚确性行和粹者以嘉惠元元俾享敉宁之福顾得其人矣而无禄陨谢朕甚痛焉尔格尔古德易直朴诚出于天性躬行刻厉绰有令闻方其振拔儒林洊登侍从服劳王事恪慎温恭爰自承华擢为学士歆然有如儒素举朝所共嘉称惟是邦畿王化所先填抚需人尤急乃卑之旄节借以保厘果能砥砺清操倡率群吏勤宣上意轸恤民隐俾百职洗心穷檐安堵庶几风行草偃聿观治成何图未竞厥施以病请告勉之卧治厥疾弗瘳万民悲号失其良牧朕轟伤无已谥曰文清赐阡优恤礼有加焉呜呼人臣苟能精白乃心始终一节则其生蒙宠任殁享荣名者甚隆且厚于以风厉臣工显昭令德不亦休哉

康熙二十四年四月十八日立

106. 佐领拜他喇布勒哈番护军统领佛科多谕祭碑

（碑阳）

皇帝谕祭佐领拜他喇布勒哈番护军统领佛科多之灵曰鞠躬尽瘁臣子之芳踪恤死报勤国家之盛典尔佛科多性行纯良才能称职效力行间著有劳绩方冀遐龄忽焉溘逝朕用悼焉特颁祭葬以慰幽魂呜呼宠锡重垆庶享匪躬之报名垂青史聿昭不朽之荣尔如有知庶克歆享

奉委主祭礼部郎中鸦呼

康熙贰拾肆年肆月拾叁日祭

（碑阴）漫漶不清

107. 光禄大夫副都统牙喀布神道碑

（碑阳）

大清光禄大夫副都统牙布喀神道碑

（碑阴）

康熙二十四年肆月□拾日　孝孙……

108. 四川巡抚都察院右副都御史杭爱墓碑

四川巡抚都察院右副都御史加五级谥勤襄杭爱碑文

朕惟自昔人臣宣力于国家者必有荣始哀终之典以示褒嘉凡以崇奖贤劳风励有位事綦重也尔杭爱恪慎矢心精勤奉职总藩晋地著声绩于当年拥节关中弘抚绥于比屋值逆氛之未靖我武惟扬念转饷之罔愆尔猷具在迨移旆于蜀省复效绩于岩疆勤黎庶之招携功收镇静励耕桑之作息业奏敉宁倏尔沦亡殊深轸悼爰稽彝典赐谥勤襄于戏嘉乃勋劳宁靳天家之报沛兹恩宠益增泉壤之光俾勒丰碑以永休命

康熙贰拾肆年叁月初陆日立

109. 四川巡抚都察院右副都御史杭爱谕祭碑（碑阴为诰封碑）

（碑阳）

皇帝谕祭四川巡抚都察院右副都御史加五级谥勤襄杭爱之灵曰朕惟宣猷布泽聿崇保障之勋怀远招携尤赖抚绥之略故矢心奉国既职业之克勤荣始哀终宜恩纶之下逮易名有典予祭维经尔杭爱性本恪恭才优经济聿资藩翰干略特闻再秉节旄拊循是寄属进兵于蜀道屡转饷于关中飞挽无愆饱腾攸济乃移旌旆俾奠已渝闾阎获家室之安山泽息萑符之警方深倚任遽悼沦亡于戏眷三载之成劳残黎甫集缅两川之瘠壤旧绩犹存特弘追恤之仁以为勤事之劝尔灵不昧尚克钦承

康熙二十四年九月初九日遣礼部侍郎敖哈郎中雅虎祭文

（碑阴）

奉天承运皇帝诏曰褒忠表义昭代之良规崇德报功圣王之令典特颁恩命以奖勤劳尔巡抚陕西等处地方赞理军务都察院右副都御史加二级杭爱性资端谨才识宏通俾掌封疆恪慎无惭于职守宣劳政务夙夜克矢乎寅恭任用有年小心益励崇阶洊陟历试能勤欣兹庆典之逢宜沛恩纶之宠兹以覃恩特授尔资政大夫锡之诰命於戏恩推自近乃弘奖夫崇阶业广惟勤尚钦承夫宠锡凛予时命励尔嘉猷

康熙十四年十二月十四日

110. 大清国光禄大夫都统议政大臣一等阿达哈哈番跨渣墓碑

大清国光禄大夫都统议政大臣一等阿达哈哈番跨渣

康熙贰拾肆年叁月初陆日男跨搭尼立

111. 散秩大臣墨勒根下阿淑墓碑

散秩大臣加三级墨勒根下谥勤僖阿淑碑文

朕惟国家弘奖群工式嘉懋勣眷念始终之义弥怀宿卫之臣爰是授以崇阶赉之优恤厥为彝宪用劝臣劳尔阿淑夙具干才早膺近秩朴诚奉上置身依殿楯之间黾勉服官宣力备羽林之选逮屡承宠命常竭力而弥虔虽久侍深严历毕生而若一既靖共于夙夜遂流誉于班行方期克享长年何意遽罹疾疢溘焉沦逝良切轸怀爰敕所司聿遵前制俾营兆而卜葬载考行以易名谥曰勤僖式昭优恤於戏丰碑永峙知臣职之有终荣号洊膺戴国恩于无斁特颁纶綍永示来兹

康熙二十五年闰四月十七日立

112. 特授刑部郎中二等阿达哈哈番佐领俄理为资政大夫封前妻佟佳氏为淑人继妻章佳氏为夫人诰封碑

皇清诰封资政大夫刑部郎中二等阿达哈哈番佐领俄公碑文

皇帝制曰褒忠表义昭代之良规崇德报功圣王之令典特颁恩命以奖勤劳尔二等阿达哈哈番佐领俄理性资醇谨才识渊宏懋延世之恩克承先业笃象贤之谊无忝前徽奉职有年小心益励庆典欣逢恩纶宜沛兹以覃恩特授尔阶资政大夫锡之诰命於戏恩推自近乃弘奖夫崇阶业广惟勤尚克承夫宠

锡钦予时命励尔嘉猷

制曰夙夜维勤人臣宁遑内顾伉俪无忝国常岂靳隆施锡章服以酬勋念壶仪之媲美尔二等阿达哈哈番佐领俄理前妻佟佳氏克勤内德宜尔室家眷良臣靖共之猷赖淑女匡襄之助爰褒令范式沛新纶兹以覃恩封尔为淑人於戏敬尔有官肃闺门而合好职思其内尚黾勉以同心祗服殊恩用昭壶德

制曰宜家无妇劳臣不免于内顾之忧继室有人盛朝应恤其相夫之德何分先后并贲褒纶尔二等阿达哈哈番佐领俄理继妻章佳氏嗣操壶政克相夫纲帏有前徽既见和柔合德廷申再命用彰黾勉同心兹以覃恩封尔为夫人於戏内则是娴允垂光於青史令仪不忒宜加毖于深闺尚克钦承以昭宠命

康熙二十六年十二月二十五日立

113. 特授织染局员外郎席图库为奉政大夫封妻王氏为宜人诰封碑

奉天承运皇帝制曰内府需能特重殷繁之任郎官效绩必资佐理之贤尔织染局员外郎席图库居职惟勤赴工克敏践尚方而篚羽誉起鹓行莅禁省以分猷才铦犀锷兹以覃恩特授尔阶奉政大夫锡之诰命於戏庆典酬庸俾承恩于天阙徽章荷宠益展采于星曹初任七品笔帖式二任六品主事三任今职

制曰臣心恪慎著懋绩于周行妇职修明树令仪于中阃爰颁庆典俾荷荣褒尔织染局员外郎席图库妻王氏茂族含芳名门作俪素风自矢克敦图史之型箴节相规无改缟綦之度兹以覃恩封尔为宜人於戏表从夫之大义翟茀承恩沛建下之深仁鱼轩被宠祗承休命益劭嘉名

康熙二十七年十月二十三日

114. 赠织染局员外郎席图库之父康邦图为奉政大夫母曹氏为宜人诰封碑

奉天承运皇帝制曰谊笃靖共入官必资于敬功归诲迪能仕而教之忠爰沛国恩用扬庭训尔康邦图乃织染局员外郎席图库之父躬修士行代启儒风抱璞自珍克毓珪璋之秀析薪能荷弥章杞梓之良兹以覃恩赠尔为奉政大夫织染局员外郎锡之诰命於戏贻令问于经籯义方久著佩徽章于策府礼秩加优茂典丕承湛恩永荷

制曰移孝作忠懋简劳臣之绩推恩锡类式扬贤母之名载贲荣纶用宣懿范尔织染局员外郎席图库母曹氏早娴典则夙著规型敬以从夫宜室聿征其顺德勤于训子备官一本于慈祥兹以覃恩赠尔为宜人於戏荷彩翟之天章徽音益畅披彤毫之仙藻惠问常流祗服宠光永绥福履

康熙二十七年十月二十三日

115. 赠山西等处承宣布政使司布政使布哈父塞赫为光禄大夫继母萨克达氏为一品夫人诰封碑

（碑阳）

奉天承运皇帝制曰父有令德子职务在显扬臣著贤劳国典必先推锡用申新命以表前休尔塞赫乃都察院监察御史加十五级布哈之父持身有道迪子成名嘉予懋绩之臣实尔传家之嗣爰褒仪训用贲恩荣兹以覃恩赠为光禄大夫都察院监察御史加十五级锡之诰命於戏率行式穀泽流青史之光教孝作忠荣耀紫纶之色永培厥后益庇昌隆

制曰育抚同劳母谊不殊于始继休荣均被君恩罔间于后先典既酬勋礼宜并贵尔都察院监察御史加十五级布哈继母萨克达氏嗣修阃范式穀后人抚异产为己出罔间恩勤承国典之宠光无惭似续

兹以覃恩赠为一品夫人於戏念兹良臣报尔培成之德嘉兹令子褒及勤教之功休命钦承松楸永贲

康熙贰拾年拾贰月贰拾肆日

（碑阴）

康熙贰拾捌年肆月吉旦

山西等处承宣布政使司布政使孝男布哈谨立

116. 特授二等阿达哈哈番农泰为资政大夫诰封碑

奉天承运皇帝制曰褒忠表义昭代之良规崇德报功圣王之令典特颁恩命以奖勤劳尔三等阿达哈哈番加一级农泰性资端谨才识宏通初列官阶克著勤劳之绩爰膺任使弥昭敬慎之忱奉职有年小心益励崇班洊陟历试无愆欣兹庆典之逢宜沛恩纶之宠兹以覃恩特授尔阶资政大夫锡之诰命於戏恩推自近乃弘奖夫崇阶业广惟勤尚克承夫宠锡钦予时命励尔嘉猷初任二次征湖广时于保庆府首先登进遂克其城故授为拖沙喇哈番二任授为拜他喇布勒哈番三任授为拜他喇布勒哈番兼一拖沙喇哈番四任授为三等阿达哈哈番五任补授仓州城守尉六任进剿湖广江西云南等处因著有功绩授为二等阿达哈哈番世袭罔替

康熙三十年十月十一日　妻富察氏立

117. 特授一等精奇尼哈番郭奇哈章京阿南达为光禄大夫诰封碑

（碑阳）

奉天承运皇帝制曰国家思创业之隆当崇报功之典人臣建辅运之绩宜施锡爵之恩此激劝力之宏规诚古今之通义尔一等精奇尼哈番郭奇哈章京加一级阿南达性资端谨才识渊宏懋延世之恩克承先业笃象贤之谊无忝前徽奉职有年小心益励崇阶洊陟历试能勤欣兹庆典之逢宜沛丝纶之宠爰颁新命以示褒嘉兹以覃恩特授尔阶光禄大夫锡之诰命於戏推恩申命爰弘奖于忠贞树德懋勋尚益勤于笃棐祗服朕命勉尽乃心初任袭父一等阿思（哈）尼哈番又一拖沙喇哈番二任加一级三任加一级郭奇哈章京四任袭兄拜他喇布勒哈番又一拖沙喇哈番为一等精奇尼哈番郭奇哈章京五任今职康熙十三年二月初四日阿南达任图义章京征南至十九年三月初三日在江西新口费园地方击战时因阵亡一等精奇尼哈番又加一拖沙喇哈番袭与亲男授为一等精奇尼哈番又一拖沙喇哈番世袭罔替如前

（碑阴）

康熙三十二年二月二十五日立

118. 康熙帝赐总督川陕兵部尚书佛伦御笔诗碑

东表闻风化西秦作雨霖扬清知疾苦激浊勉官箴旷世孤芳节超伦千古心封疆资大吏抚育代忧深　（右上印章）康熙御笔之宝

癸酉夏书　　总督川陕兵部尚书

119. 特授拜他喇布勒哈番吴努春为通议大夫赠妻民觉罗氏封继妻董氏为淑人诰封碑（碑阴为墓碑）

（碑阳）

奉天承运皇帝制曰褒忠表义昭代之良规崇德报功圣王之令典特颁恩命以奖勤劳尔拜他喇布勒哈番加一级吴努春性资醇谨才识渊宏懋延世之恩克承先业笃象贤之谊无天前徽奉职有年小心益励欣逢庆典宜沛恩纶兹以覃恩特授尔阶通议大夫锡之诰命呜呼推恩自近乃弘奖夫崇阶业广惟勤尚克承夫宠锡钦予时命励尔嘉猷初任壮尼大二任袭兄拜他喇布勒哈番三任今职

制曰夙夜维勤人臣宁遑内顾伉俪无忝国常岂靳隆施锡章服以酬勋念壶仪之媲美尔拜他喇布勒哈番加一级吴努春妻民觉罗氏克勤内德宜尔室家眷良臣靖共之猷赖淑女匡襄之助爰褒令范式沛新纶兹以覃恩赠尔为淑人呜呼敬尔有官肃闺门而合好职思其内尚黾勉以同心祇服殊恩用昭壶德

制曰宜家无妇劳臣不免于顾内之忧继室有人盛朝应恤其相夫之德何分先后并褒贲纶尔拜他喇布勒哈番加一级吴努春继妻董氏嗣操壶政克相夫纲帏有前徽既见和柔合德延申再命用彰黾勉同心兹以覃恩封尔为淑人呜呼内则是娴允垂光于青史令仪不忒宜加毖于深闺尚克钦承以昭宠命

康熙六年十一月二十六日

内阁纂修一统志誊录关中叶长苙顿首拜书丹

（碑阴漫漶严重，汉文仅可见后半部分文字）

母口疾□□□切切□□父言□务则成立是望维乎顾复……格外给以半俸□老之恩呜呼优载弘施□备何补惟仰叩……内庭供奉则谆谆训之曰尔效力几何口蒙……为口述其生平始末勒石墓前以昭……自今以□□不复□慈容□□□□□□□□□感风不□悲曷有极恪遵遗命敬镌贞珉世享拜扫之

康熙三十三年五月　日

内阁纂修一统志誊录关中叶长苙顿首拜书丹

120. 赠吏部尚书佐领科尔坤之父拜音柱为光禄大夫诰封碑

奉天承运皇帝制曰位列崇阶作忠由于移孝业隆严训资父所以事君念兹堂构之贻厥有丝纶之贲尔拜音柱乃吏部尚书加三级佐领科尔坤之父躬裕懿修世推淳德泽流弓冶裕家学于庭帏庆衍门闾亮天工于邦国令名允称殊典庸加兹以覃恩赠尔为光禄大夫吏部尚书佐领锡之诰命於戏一经迪后式传报国之忱七命霈恩益著象贤之美钦承休宠丕裕来昆

康熙三十六年七月十九日

121. 辽阳州城守尉能特重修温泉寺题名碑

（碑阳）

重修温□□□□

盛京东南百八十里万峰□□□壑流□白云来往松涛怒号人居其中宛然如在蓬莱阆苑闻又有

清泉一泓□□□□浴之能去病故远近有病者就而浴之果不药而瘳者亦甚伙泉之旁有神宫曰三官庙庙无碑□□莫可考逮我清鼎定东国山林秀奥乃有行僧广慧广智栖息庙中鸠工而重营之更其庙曰温泉寺斯时也雷霆在天军革莫展泉则温而寺则渗也二僧恒怀之僧之徒辉元上人念先师之志未遂因募檀越庀材陶土大为修葺建山门三天王殿三大殿五东西僧寮十二其余碾砲仓廪之庑不计焉金壁交错旌幢琳琅狮座莲台庄严敬起自乙卯始至戊寅止历二十余年而工甫竣噫嘻伟哉亦可谓工之大者矣尝谓梵宇之建多在于通都而于穷山中绝少盖通都易为力而穷山中难为募也上人乃能不惮其难而募成之且继先师之遗志仗佛祖之慈光禅祐黔黎使山林增辉温泉益美就此而求疾之瘳者亦徜徉而汤愈然则斯僧之功岂浅鲜哉温泉不竭此寺常存而僧之名永垂不朽时当乐成勒碑刻铭同人丐余记之如此

龙飞大清康熙岁次戊寅季仲秋月望日穀旦

本寺住持僧广陵　洪孶 化成 化玉 医新 体常 宝珩 宝勤同立

高把势寨石匠蔡忠礼刊刻

（碑阴）

施财功德主列名于后

（略）辽阳州城守卫（尉）能特 奉天府御花园大喇嘛啞啰　驾阿嘛各郎（略）辽阳州正堂刘祯（以下略）

122. 诰授中宪大夫永陵防御苏尔吉纳诰封碑

（碑阳）

奉天承运皇帝制曰国家推恩而锡类臣子懋德以图功懿典攸存枕恂宜勖尔防御加一级苏尔吉纳夙具干才授职任用俾管防御之任克殚敬慎之猷驭下有法奉职无愆庆典欣逢新纶宜贲兹以覃恩特授尔阶中宪大夫锡之诰命於戏式弘车服之庸用励显扬之志尚钦荣命益矢嘉猷

（碑阴）

康熙肆十年五月吉旦　孝男松奇　尼声额　孙钮隆阿　查库泰　恩础　德寿　□尔泰　布尔泰　福寿　重孙马尔赛　蟒□　吴海　图海立

123. 一等侍卫乳父图克善墓碑

乳父图克善碑文

朕唯宫中府中宣劳维一其有服勤于内职即当宠及于厥家常推下逮之恩用沛旁施之泽尔原任一等侍卫拜他喇布勒哈番加一级图克善曩以散员拔膺世职洊居环卫跻列崇班实缘尔妻瓜尔嘉氏保抱朕躬鞠养辛苦屡加恩眷以及尔身而尔居宠若惊敛迹倍谨在周庐者既久矢小心以不渝维尔妻名不彻于外朝身克娴于礼法固昭阿姆之懿范亦见良人之教家往者云徂已颁谕祭荏苒一纪贤阃亦亡朕优恤始终奠醊者四择壤陵园之侧已勒琬琰之章追录尔劳用表双碣呜呼铭辞报功礼亦綦重而赐尔二人尚俾知我国家之妇官有足媲美于葛覃之师氏而尔亦与有令闻以宠尔之子孙不亦休与

康熙四十一年五月二十九日立

124. 一等侍卫乳父图克善妻保圣夫人瓜尔佳氏墓碑

保圣夫人瓜尔嘉氏碑文

朕唯古保姆之设盖择其可者必宽裕慈惠温良敬慎亚于女师方称德选其有懋著乃劳不负任使克谨礼法以善始终存殁褒恤加隆无替于恩于义是称是宜兹尔瓜尔嘉氏夙著贤声久事宫掖属朕冲幼保抱需人唯我圣祖母简之傅母之中知尔谨厚俾视朕躬尔奉命恪勤夙暮罔懈凡善调护审卫养时衣服节饮食候寝兴防疾苦于礼皆尔职也惟尔克慎乃事久历岁时小心一致朕心嘉尔劳眷待优渥方期享有遐福以乐余年奄闻卧病驰尚医进方药以时问状而竟弗瘳朕抚视再三临丧增恸诗不云乎无德不报念尔毕生在公弗遑厥家经纪送终皆朕之事爰诏所司相地卜食近陵园之侧列奉圣之次宁尔魂魄俾长有归依兹者窀穸既毕孔固孔安树之丰碑用旌厥善呜呼往世阿保代不乏人其有服勤累纪靡忒靡愆身不伐其旧劳名不达于外梱载籍所传得尔不易维我国家弘宫廷之化及于阿保皆慎自检束亦惟尔尤克秉礼以无坠我圣祖母之慈命厥惟休哉

康熙四十年四月二十八日立

125. 议政大臣管侍卫内大臣兼总管满洲火器营事一等公佐领费扬古墓碑

议政大臣管侍卫内大臣兼总管满洲火器营事一等公佐领谥襄壮费扬古碑文

朕惟国家崇奖劳臣礼备终始必任使克副于生前斯褒恤用加于身后所以风历有位而昭示来兹也尔费扬古少籍世资蚤蒙荣进自分佐禁兵以及周卢宿卫奉职克勤是用载晋崇班频加恩遇荆楚弗靖命将徂征尔在戎行亦克宣立及噶贼逆命肆虐边陲朕亲统六师恭行天罚咨度形势分道长驱纵铁骑于荒郊指琱戈于狡窟贼望风震慑潜迹逋逃惟尔统西路之师乘机扼险大歼丑类虽朕谋由先定亦尔式克钦承用嘉乃绩列于上公夫何倚任方隆沈疴忽遘视疾遣疗慰问频□奄逝寻闻良深痛悼白金文驷赙赗有加载涣彝章谥以襄壮呜呼疏爵酬庸久贲丝纶之宠易名表行弥增泉壤之光勒著贞珉以垂永世

康熙四十一年三月十五日立

126. 议政大臣管侍卫内大臣兼总管满洲火器营事一等公佐领费扬古谕祭碑

康熙四十年十月十五日遣礼部尚书席尔达谕祭议政大臣管侍卫内大臣兼总管满洲火器营事一等公佐领谥襄壮费扬古之灵曰呜呼武以禁暴端籍元戎张我王略克奏肤功策勋枚劳以劝有功存荣殁哀礼善始终尔费扬古开国上家蜚英早岁圭爵是承河□夙誓积勤帷幄典司宿卫偏师南征宣力足记噶贼内犯命统西路分道会师克期□□朕行甚速尔亦寻□来若从天果与贼遇穷兽思斗肆其余恶尔冠三军奋勇挥霍阏氏阵斩余多溃缚滔天巨憝一鼓散落朕虽在行嘉尔显庸朕虽□□□尔从名山刻碣尔亦铭钟宠待弥优爵列上公今岁省方朕巡边徼命尔从行鞍马票姚忽遘危疴医药罔效朕亲视疾闻讣痛悼白金归赙□驷归赐皇子出迎大臣卫送加祭以三礼殊于众易名襄壮洽于舆诵呜呼城濮鄢陵叙战甚奇祁连燕然厥迹昭垂朕惟念功宣著诔词以祭尔灵尔□享之

康熙四十年十月二十三日遣礼部左侍郎西哈纳谕祭议政大臣管侍卫内大臣兼总管满洲火器营事一等公佐领谥襄壮费扬古之灵曰尔壮岁袭封起家宿卫彤庭授斧钺择将密简于朕心夫天山挂

弓矢立功果昭于荒裔禀胜算而丑类多歼奉天讨而元凶失噬赐书四大字悬银榜以褒勤进位一等公绾金章以保世正狼鬣之全消何将星之忽坠呜呼溯军容之整肃细柳增悲忆猛士之赳桓大风含怆再贲丝纶用光秬鬯

康熙四十年十月二十九日遣礼部左侍郎西哈纳谕祭议政大臣管侍卫内大臣兼总管满洲火器营事一等公佐领谥襄壮费扬古之灵曰自噶贼匪茹凶徒肆虐朕亲总夫六师尔克承乎三略驰铁骑于雪山指琱戈于龙朔既执讯而获丑乃蹠封而拜爵逮哀讣之忽闻怅音容之不作锡嘉谥以明恩溯丰功而如昨呜呼闻钟而思将帅拊髀而念干城不愧殊荣于一卣长留胜略于双旌惟重泉之可格庶三命之是承

康熙四十年十一月初七日遣礼部左侍郎西哈纳谕祭议政大臣管侍卫内大臣兼总管满洲火器营事一等公佐领谥襄壮费扬古之灵曰尔威震龙沙风清雁塞分麾佐九伐之功定远及三城之外逆分既靖朕心再宁俾入领虎贲于禁籞出随豹尾于边庭惜老臣之徂谢□□□□□□□□□□□□复陈馈以惟馨呜呼报功不靳异数悼往必叙前劳扬我武于□域纪成绩于中朝恩则有功无已灵其式燕以敖

127. 皇清通议大夫拜他喇布勒哈番又一拖沙喇哈番陕西协领常保神道碑

皇清通议大夫拜他喇布勒哈番又一拖沙喇哈番陕西协领常公神道碑

赐进士及第经筵日讲官起居注礼部尚书兼管翰林院掌院学士教习庶吉士眷弟韩菼顿首拜撰文

赐同进士出身通议大夫通政使司通政使眷弟李铠顿首拜篆额

赐进士出身通议大夫礼部侍郎仍管国子监祭酒事眷弟孙岳颁顿首拜书丹

公讳常保号诚斋长白王钦岭人也姓觉罗氏其上世远弗可考我太祖高皇帝龙兴辽左公祖布穆里以骁勇闻官授护军校代佐领事遇敌敢战屡著功绩夫人民觉罗氏生子三公考雅思哈其次也幼而英异多智勇弱冠官护军校代护军参领事四征湖襄一平云贵所向有功最后征李定国于磨盘山步军深入血战不止遂殁于兵世祖章皇帝悯其忠勇死事诏授公拖沙喇哈番夫人舒穆鲁氏封宜人时公方八岁袭父爵公器局老成每朝会公卿诸先达交口叹美以为将来所至殆不可量公至孝事太夫人备极色养读书知大义性明达而恬退不欲以才智先人然遇事敢言临时利害不避虽古贲育莫之或过也稍长□职勤慎趋事必早往宴罢太夫人常悯其劳公慨然流涕曰儿官父所遗痛父殁壮志未伸期勤劳报国慰吾父地下母第安之儿殊不苦也年二十五随征察哈尔布尔尼贼众大队屯山后而伏二百余骑山谷间突出掩至我军惶骇欲奔公叱所部勿动勒伍以待已而乘间疾击遂歼之上诏授拜他喇布勒哈番加一级阶通议大夫夫人纳喇氏封淑人祖布穆里赠通议大夫祖母民觉罗氏赠淑人父雅思哈赠通议大夫母舒穆鲁氏赠淑人准袭爵□世已又特旨除公陕西西安府协领公导太夫人舆之西安抵镇治事唯勤驭众以德鞭朴不加而强兵悍卒皆奉纪律无敢犯者厥后一镇汉中再镇宁夏所至兵戢民安恩威并著迄于今犹□□人口不衰公处事持大体善体人情著大吏事有疑难必就公咨访甚见敬礼后太夫人以天年终公哀毁骨立既免丧会噶尔丹犯顺公随征绝域至克鲁伦河兵众饥疲兼值疫疠公拊循恳至粮糗与同且委曲谕以忠义猝遇敌公奋勇先登所部咖公恩无不冒矢为国效死力者已又至哈密经历险远积苦兵间渐染成疾返旆西安公病笃呼家人与诀曰吾垂髫承先泽受国厚恩念先人赍志殁常欲捐躯效忠以慰前人不图一疾至此命也何尤但愿我子孙世以忠孝矢心即祖父为不死矣一言不及于私遂卒诏于公拜他喇布勒哈番又一拖沙喇哈番准袭三次赠祖若父如其官公生于顺治八年二月十八日卒于康熙三十七年七月二十八日得年四十八岁三十八年二月归榇京师公居陕十七年归榇

之日兵民祖奠号泣者且万人又立碑于府治之旁而祀之曰见碑如见我公也是年四月五日厝公灵于京东之高米店又为立石以图不朽余遂述而志之以示孝子慈孙奕叶之楷法焉公三子长索鼐嗣公爵次那尔泰笔帖式次索尔泰太学生孙四人那拜太学生余俱幼高米店在运河北距京十二里许

康熙四十一年岁次壬午三月十九日立石

128. 陕西巡抚鄂海题字碑

愧无忠孝报朝廷

康熙壬午之春　鄂海（印章）

129. 文华殿大学士兼吏部尚书致仕伊桑阿墓碑

原任文华殿大学士兼吏部尚书加二级致仕谥文端伊桑阿碑文

国家命官佐理特隆机务之司人臣宣力效忠尤赖老成之器果其精勤体国恪慎持躬斯生前之依毗甚殷而殁后之恩施益茂尔原任文华殿大学士兼吏部尚书加二级致仕谥文端伊桑阿有醇懿之资有厚重之望出身科第籝仕郎曹旋升近禁之班洊莅列卿之长勤劳历试笃棐有加用是简尔为内阁大学士受事之后益矢靖共宅心一本于和平处事弥形其宽裕夙夜匪懈左右无违盖在职者十五年而秉心者如一日岂其告瘁遽乞悬车温语慰留至三至再时悯其奏对之久则命同列以扶持或闻其疢疾之侵屡遣良医而轸视乃固求释任勉许投簪虽身远阙廷而眷殷耆旧方期颐养共乐升平奄忽沦亡益增恻悼呜呼表班联而正色仪型尚著于黄扉赞密勿而尽心名实永垂于青史彝章备举锡谥文端爰勒丰碑用光窀穸

康熙四十二年七月十八日立

130. 特授文华殿大学士兼吏部尚书佐领伊桑阿为光禄大夫诰封碑

奉天承运皇帝制曰翼亮天工象协三台之列弘敷帝载位居庶职之先惟懋丕绩以酬恩乃沛新纶而锡爵尔文华殿大学士兼吏部尚书佐领加二级伊桑阿凤阁清才鸾台雅望典章练达服勤匪懈于寅恭器识渊凝顾问时资于靖献属在论思之地参机务之殷繁每抒钦翼之忱佐经猷于密勿崇阶蚤陟弘奖申加兹以覃恩特授尔阶光禄大夫锡之诰命於戏启乃心以沃朕心尚嘉谟之时告慎厥位以风有位期庶绩之咸熙永劭休声祇膺荣命

康熙三十五年三月十四日　中宪大夫江西南安府知府海宁陈奕禧谨书

131. 文华殿大学士兼吏部尚书致仕伊桑阿谕祭碑

皇帝谕祭原任文华殿大学士兼吏部尚书加二级致仕谥文端伊桑阿之灵曰朕惟老成之臣邦家所重寄之心膂用佐谋猷苟秉德始终而不渝宜殊恩洊加而未已生则锡之光宠没乃备夫哀荣尔原任文华毁大学士兼吏部尚书加二级致仕谥文端伊桑阿禀资纯穆立品端凝早掇巍科服勤庶职旋升卿贰表率崇班追膺密勿之司益励匪躬之节公忠内凛偏党咸消镇静自持纷更罔事不絿不竞佐治化以和平一德一心乐君臣之交泰乃因久劳机务遂以衰老陈情朕温慰再三曾赐扶携于廷陛尔求退弥切遂俾安养于林泉旧老难忘新恩益渥闻危疴而赐珍药加肜视而遣御医每廑朕怀时勤使问尚冀桑榆

之未迫何图薤露之忽歌览遗表而兴哀命大臣以致奠饰终之典国有彝章锡谥文端爰颁谕祭於戏十五载之孜孜罔怠尔劳尚著于丝纶一个臣之休休有容朕念常思其风采灵其来格歆是椒筵

132. 诰授光禄大夫文渊阁大学士兼礼部尚书席哈纳墓碑

诰授光禄大夫文渊阁大学士兼礼部尚书加二级哈纳席公之墓

133. 特授文渊阁大学士兼礼部尚书席哈纳为光禄大夫封妻黑什里氏为一品夫人诰封碑

奉天承运皇帝制曰翼亮天工象协三台之列弘敷帝载位居庶职之先惟懋丕绩以酬恩乃沛新纶而锡爵尔文渊阁大学士礼部尚书加二级席哈纳凤阁清才鸾台雅望典章练达服勤匪懈于寅恭器识渊凝顾问时资于靖献属在论思之地参机务之殷繁每抒钦翼之忱佐经猷于密勿崇阶蚤陟弘奖申加兹以覃恩特授尔阶光禄大夫锡之诰命於戏启乃心以沃朕心尚嘉谟之时告慎厥位以风有位期庶绩之咸熙永劭休声祇膺荣命

制曰职在钧衡元宰树中朝之望宜其家室良臣资内助之贤式播徽音茂膺宠锡尔文渊阁大学士礼部尚书加二级席哈纳妻黑什里氏柔嘉维则淑慎其仪言采蘋蘩主馈佐和美之节克勤丝枲相夫成补衮之勋配令德于台司表休声于壶则崇奖用逮懿范斯扬兹以覃恩封尔为一品夫人呜呼象服是宜聿著温恭之范龙章载贲弘敷雍肃之风祇服荣恩益光令善

康熙四十二年三月十八日

134. 赠席哈纳之父纳琳为光禄大夫母傅查氏为一品夫人诰封碑

奉天承运皇帝制曰奋庸熙载经纶阐报国之忱锡类诒谋诗礼识趋庭之教象贤昭于堂构巽命及乎台垣尔纳琳乃文渊阁大学士兼礼部尚书加二级席哈纳之父令德夙闻芳型早著义方式穀聿生隆栋之才善庆流徽用启高门之祚普休施于弘绪表淳德以新伦俾跻崇阶允彰宠渥兹以覃恩赠尔为光禄大夫文渊阁大学士兼礼部尚书加二级锡予诰命於戏资敬事君实本一经之训推恩逮父聿登三事之荣祇服国章流光家乘

制曰大臣燮理之猷端由母教盛世褒崇之典并重壶仪彰惠问于闺闱被宠光于纶綍尔文渊阁大学士兼礼部尚书加二级席哈纳母傅查氏毓自名门归于华阀劳能将爱和羹成鼎鼐之勋贵不忘勤补衮衍机丝之绪亙邀殊渥以播休声庆典欣承恩施爰逮兹以覃恩赠尔为一品夫人於戏大锡类于所生酬庸黄阁畀荣名于自出沛泽紫泥用佐弘庥尚期克佑

康熙四十二年三月十八日

135. 封理藩院员外郎保住之父阿世图为奉政大夫诰封碑

奉天承运皇帝制曰谊笃靖共入官必资于敬功归诲迪能仕而教之忠爰沛国恩用扬庭训尔阿世图乃理藩院员外郎保住之父躬修士行代启儒风抱璞自珍克毓珪璋之秀折薪能荷弥彰杞梓之良兹以覃恩封尔为奉政大夫理藩院员外郎锡之诰命於戏贻令问于经籯义方久著佩徽章于策府礼秩加优茂典丕永荣名益劭

康熙四十二年三月十八日

136. 特授盛京工部侍郎白尔克为光禄大夫封妻□雅喇氏为□□诰封碑

（碑阳）

奉天承运……任攸专……盛京工部侍郎加一级白尔克学……勤庀器饰材虑事……惠……兹以覃……尔阶光禄大夫锡之诰命於戏……起……试之方□宠大廷□□经营之绩式……

制曰职在中朝……德……闺闱……部侍郎加一级白尔克妻□雅喇氏……秉礼无愆黾勉□□退食□□……公之郎谋猷克赞进……兹以覃恩封尔……於戏归顺与臣共同道……辉……令模

康熙四十二年五月

（碑阴）

大清康熙肆拾柒年岁次戊子柒月贰拾□□

恩袭托沙喇哈番加一级中宪大夫□□敬立

137. 皇清诰授四川陕西总督兼都察院右都御史郭罗洛公墓碑

皇清诰授光禄大夫总督四川陕西等处……赐进士出身光禄大夫文渊阁大学士兼……诰授奉政大夫户部湖广司郎中江西南……赐进士出身光禄大夫经筵讲官起……康熙三十有一年总督川陕右都御……天子震悼赠赙祭葬饰终之礼甚具上恩至矣于是公之子根太等以隧道之……上所眷遇康熙二十七年简任制府公院……而不职□员吏与不任之将卒无不……上亲征噶尔旦命沿边诸路会师公率西……出奇兵以讨逆俘馘五百余人遗孽……事而豫防与院事而补救复无所不……皇恩□□□臣职之多□盖深得…… 家郎署历著能绩掌两……朝廷倚公以川陕其任……有三配一品夫人……之庶瞻神

康熙四十□

138. 特授总督四川陕西仍兼管陕西将军事务世袭拖沙喇哈番博霁为光禄大夫封妻傅查氏为一品夫人诰封碑

奉天承运皇帝制曰枢府崇班锁钥重山河之寄中台出镇封疆资斧钺之勋尤属重臣式甄劳绩尔总督四川陕西地方提督军务兼理粮饷兵部尚书兼都察院右副都御史仍兼管陕西将军事务世袭拖沙喇哈番加三级博济器资瑰伟风采严明覃威惠以宣猷久矣政行化洽统文武而作宪休哉吏肃民安式弘樽俎之谋懋著保釐之效逢斯庆泽爰赉徽章兹以覃恩特授尔阶光禄大夫锡之诰命呜呼百城凛范益思表率之方三命弥恭式荷恩光之渥訏谟克奏殊眷丕膺初任亲军校二任六品典仪三任五品典仪四任加一级五任二等护卫六任一等护卫七任管王府事八任加一级九任长史十任蒙古副都统十一任蒙古副都统佐领十二任蒙古都统十三任满洲都统十四任江宁将军十五任西安将军十六任给拖沙喇哈番十七任加一级十八任今职

制曰持刚秉宪良臣作节钺之勋履顺思庄淑女著珩璜之范芳型无忝茂奖宜加尔总督军务兼理粮饷兵部尚书兼都察院右副都御史仍兼管陕西将军事务世袭拖沙喇哈番加三级博济妻傅查氏名家作配内则是娴励妇节于缟綦每觉霜威辉映谨家闲于阃阈益彰铃阁清严兹以覃恩封尔为一品夫人呜呼贲锡宠章播休声于闺闼诞敷嘉泽扬令闻于今祛式受荣施祇承显命

康熙肆拾捌年

139. 四川陕西总督仍兼管陕西将军事务世袭拖沙喇哈番博霁神道碑

漫漶严重，难以辨认

140. 皇清诰赠资政大夫副都统柏公墓碑

（碑阳）

皇清诰赠资政大夫副都统柏公之碑

（碑阴）

康熙四十八年秋八月　　孝男副都统世袭拜他喇布勒哈番儿勒谨立

141. 皇清诰赠光禄大夫经筵讲官议政大臣吏部尚书兼佐领额赫礼墓碑

（碑阳）

皇清诰赠光禄大夫经筵讲官议政大臣吏部尚书兼佐领加三级额公之墓

（碑阴）

一等侍卫兼固山达男马库　孙三等侍卫色尔弼　员外郎色克图　色尔泰　曾孙监生□成佛保　明星

经筵讲官议政大臣吏部尚书佐领加三级男马尔汉　孙内阁中书定柱　四等侍卫关柱　曾孙候补主事□清　监生□泰

康熙四十八年十二月初八日敬立

142. 皇清诰授光禄大夫议政大臣前太子太师礼部尚书武英殿大学士明珠墓志铭碑

皇清诰授光禄大夫议政大臣前太子太师礼部尚书武英殿大学士明珠公墓志铭

赐进士及第经筵讲官户部尚书加六级华亭门年眷侄王鸿绪顿首拜撰文

赐进士出身日讲官起居注詹事府少詹事兼翰林院侍讲学士加一级溧阳门人史夔顿首拜书丹

赐进士及第经筵讲官内阁学士兼礼部侍郎德清门人蔡升元顿首拜篆盖

康熙四十七年四月十七日内大臣故相国明公薨于第上命大臣侍卫莅丧奠茶酒为定期殡郊外命皇长子直郡王皇三子诚贝勒送至殡所本旗内大臣侍卫咸赴哭焉礼部以恤典请诏赐祭葬如制初公病足不能朝养疾园中敕赐名医上药天厨珍味相望于道中贵人频至榻前问安否公子学士揆叙视病增减之势眠食之节不时诣苑闼以闻得稍瘳上辄喜动颜色久之治弗效命学士奉公归第擢学士为工部侍郎仍掌翰林院事俾目见其迁陟又赐公天厩马四匹帑金二千两及薨轸悼有加盖上之眷公者如是冬十月旬有三日孤侍郎葬公于昌平州皂荚屯之新阡而请铭于馀谨据学士孙君致弥所录者并考公世族官位与其生平大节合而志于其墓公讳珠其先出于海西远有代序始祖星根达尔汉灭扈伦国据其纳兰部因氏焉迁业赫河之滨为业赫国王四传至讳太杵者公高祖也曾祖讳杨家努祖讳金太石考讳倪迓汉自星根达尔汉至金太石世为国王居开原北关事具明史金太石有女弟作嫔太祖高皇帝是为高皇后实生太宗文皇帝高皇帝初受命以兵收北关于是业赫国诸子皆仁皇朝其国之所由废

备载本朝实录公考倪迓汉金太石中子也以佐领累赠光禄大夫妣墨尔齐氏累赠一品夫人子男四人伯郑奎官至资政大夫仲季俱夭公其叔也幼而颖异六岁母夫人卒十二岁光禄公卒为资政公所抚以孝友闻年十七世祖章皇帝器重之授銮仪卫云麾使即已典章奏参机密矣今上登极改内务府郎中充总管迁内弘文院学士擢刑部尚书历都察院左都御史兵部尚书兼佐领吏部尚书拜武英殿大学士兼礼部尚书加太子太傅晋太子太师充太宗文皇帝实录总裁经筵讲官特授议政内大臣立朝凡五十有八年居内阁十有三年公为人警敏善断事无大小洞见本末措置规画纤悉中窾要人有诣公论事者不待词毕而心所欲吐立已酬答一经见终身不忘事隔数千里外若决于目前其才盖禀于天也而又博览古籍晓畅朝典捐细故敦大体羽翼善类奖掖寒士卓然有古大臣风计自开国以来大经大法兵农钱谷礼乐政刑著为令甲垂示后祀者如大清会典大清赋役全书满汉品级考八旗绿旗兵制吏礼二部铨选取士法由公裁定者居多其生平嘉言善行美不胜书而最不可泯没者数大事其在兵部也撤藩议起时平南王尚可喜奏请回籍上以其章示廷臣多谓不可撤公抗言宜从其请上念藩俱握重兵撤之变速而祸小不撤则变迟而祸大遂决意撤之三藩者平西靖南及平南而三也平西为吴三桂靖南为耿精忠诏令还京俱次第反上大发兵讨之首尾数年以次诛灭天下由此大定当是时上独断于心而赞其议者公等四三人而已韩愈之论平淮西也曰凡此蔡功惟断乃成其推原夫功之所由成也曰一二臣不为无助其所谓一二臣者殆如今之公等是上既以公之议同器公甚未几由太宰入政府逆臣方跳梁军事旁午圣天子庙算宏远推授阃外战胜攻取不爽毫发公密勿左右当有秘计奇策深契上心者而公谨默不自言人亦莫能知也兵部议福建提督万正色总督吴兴祚报军政失实请令覆奏严核之上以问阁臣公对曰封疆大臣有功必覆奏恐将士解体部议不可用上然之将军施琅议剿台湾总督姚启圣欲与俱令议政王等集议上公进曰一人专兵其志得行督提并将彼此掣肘惧无功上遂专任施琅台湾以平公之善处大事多类此都御史魏象枢荐起高珩为刑部侍郎及上前奏事不能举其词珩请黜象枢且得罪公奏珩年老多忘无他过珩以老善去而象枢获免上尝论诸巡抚称金世德称职因问公曰于成龙若何公对曰成龙至清其尽职乃与世德等成龙山西人是时抚直隶后擢两江总督与象枢并为名臣将军赵良栋破滇有功公巡西边归具以良栋所自言白于上久之良栋入奏事疑公不为言上谕阁臣批良栋章晓示之良栋始悟公之保持善类荐贤为国多类此满洲大臣佐领家有丧其所辖职官持服视奴仆等有怠慢不至刑以死者公言属吏家仆不可一视有旨职官免持服著为例有于蒙古界盗御厂牛者法当死上问所盗非民牛其可宽乎公言蒙古无城郭房舍故法严此盗官牛者若以特旨贷之乃法外之仁不为例其可上曰然免死勿为例兵部言各旗所理讦讼之事宜立限结案上以问阁臣公对曰各旗用人都统副都统职也有除补择健且能者则众心服今未能尽然故多讼一人讦告研鞫费旬日两人即倍之延缓不能结乃坐此宜责其除补之日慎选送兵部或有讦告令部臣治之上曰然如此则弊端绝矣公论事曲当且得大体多类此福建布政张仲举请御书宋儒六子祠额上问公云何公对曰程颢等皆前代大儒阐明圣学宜赐御笔垂永久上从之于是周程张邵朱六子之祠皆御书学达性天扁额其后四方名儒忠烈之士多得御书祠额自此始也公通知古今每当御门听政奏对明朗悉协理义上辄称善尝以手敕赐公曰卿才能素著持管丝纶重地赞理机务因卿夙稽典史晓
谙古今责难陈善之理文献通考等书皆致君泽民至道所系特以赐卿退食之暇可时观阅以副朕虚怀求治之意盖上之信公者深而望公者至君臣交泰共臻治平圣天子独揽乾纲意谕色授公卿大臣奉职循理夙夜弗遑公当轴处中矢之以忠诚将之以敬慎才智尽敛功名不居从容赞襄于庙堂之上而天下熙然太和谓非明良遭遇之盛欤然柄用日久间有

忌之者于是人言缘以起某御史以河工事论总河靳辅因侵公赖上明圣知有党扃不之问而改公议政大臣其后上数南巡江淮靳辅功大著而御史早以他事败去久之复起卒以不籝丧其名云公为议政大臣时厄鲁特跳梁西陲数为患天子赫然怒急图殄灭之命公巡察边情赈济属部公经营绝漠得其要领及上自将三征出塞公皆在军中其他巡幸所至未尝不从厥后公春秋高上或时迈方岳留公京师有大政事建白诚邸参议上尝宴间念及祖宗朝勋旧功绩辄召公谈论至移日虽予告倚毗弥重前后恩赉不可胜纪而鹅黄带元狐帽墨貂袍之赐尤为异数御书堂额大幅手卷册页金扇以数十计在廷罕有匹者公扬历中外皆处股肱心膂之任不矜威权刻意谨悫其生平所献纳荐达者虽亲子弟莫得闻至待人接物抑然自下岂弟乐易好施予尤喜寒士严绳孙朱彝尊姜宸英唐孙华之属时延于家多致显名于朝吴兆骞戍关东赎以归厚赒给之士类多诵义者公生于天聪九年十月十日卒年七十有四夫人觉罗氏诰封一品夫人实太祖高皇帝嫡孙女英王正妃第五女先公薨子男三人长性德康熙十五年进士一等侍卫先公卒次揆叙工部右侍郎管翰林院学士事即属余铭者也甚贤工诗文次揆方尚康亲王女郡主封和硕额驸先公卒女三人长适一等伯李天保次适哆罗贝勒延寿次先卒孙五人长福哥早卒次富尔敦康熙三十九年进士次福森皆性德出次永寿次永福皆揆方出孙女四人适翰林院侍讲高其倬次适翰林院侍讲学士年羹尧次适马喀纳皆先卒次未字皆性德出曾孙一人孝哥福哥出铭曰

厥初靡详　七传世王　有妫育姜　缘文母以昌　领军綦后　我公诞受　在先帝左右　左宜右有　今皇选能　越阶以升　六卿三陟　洎于延登　天子圣神　伐叛耆武　中枢赞谋　曰可指取　三逆既平　天子之功　四方辑宁　朝堂雍容　君明臣良　民安物阜　秉国之成　典法是守　引者孰贤　庸者孰才　古有箴言　造膝诡辞　方居台司　常执谦退　比谢鼎轴　仍参大议　黄发寿耇　邦之典型　奕世载德　为光帝廷　臣忠罔渝　主恩勿替　生荣死哀　加礼逾制　人臣咸若　时唯国家之庥　谨述大者　以镵诸幽。

143. 皇清诰封太子太师武英殿大学士兼礼部尚书相国纳兰明珠元配一品夫人觉罗氏墓志铭碑

皇清诰封太子太师礼武英殿大学士兼礼部尚书相国纳兰公元配一品夫人觉罗氏墓志铭

礼部仪制清吏司主事唐孙华拜撰

日讲官起居注翰林院侍读陈元龙拜篆

兵部督捕右理事官胡会恩拜书

夫人觉罗氏太祖高皇帝之嫡孙女英王之嫡出第五女也我国家起自漠北钟白山黑水之祥宗室诸王类皆魁异雄杰龙骧凤举应运掘兴有大勋于社稷而公族藩邸之女亦多孕灵毓秀聪睿明达体性自然得之天禀如夫人者盖坤元之上德而闺阁之异人也夫人幼孤婉娩端淑不教而成及笄择配以相国公才优而种贵遂选尚焉当夫人之于归也相国初登仕路夫人削衣贬食庀治家政使相国无内顾忧得以并心一意宣力王事及其受主知跻大位相国忠诚干济勤劳于外夫人则综核明察操持于内至三逆乱起相国方管中枢调度军旅传宣诏命日在禁闼晨而入或夜分乃归衣不解带者累月投□□闺之警一夕数至则推枕而起筹画机宜应时立断夫人于是时传敕左右□□门关严扃命乾辄击柝者巡警毋怠盖亦中夜屏营中旦而不寐也及逆□□□相国以勋劳□□□□政府□时相国佐天子以协和万邦允厘庶政夫人佐相国以绸缪□庭约束僮从如熏篪之相和而桴鼓之相应也海内承平四方无事相国乃于西郊之外畅春园之后诛茆结庐为自怡之园垒石凿沼莳花种树岩壑幽美皇上于春秋佳日时

游畅春园相国与夫人辄徙家屋园中花晨月夕泛舟中流涟漪□生绿竹间发是时相国与夫人皆已五十有余矣始忧勤而终安乐固其时也上常临幸相国率二子伏迎道旁夫人亦迎于门内上每温言慰劳谕令□阁辞色蔼然略如家人之礼以夫人讬体天家宗支至□非□大臣妻所可比也夫人性识明慧能知大体中外之事区处详密凡家丞谘禀一言裁断则疑滞洞开事乃立定勾稽出入酬答众务丝分缕析井然不紊毫发铢两之奸皆无所容是以相国相敬如宾数十年如一日也其训教诸子有均平之慈而无姑息之爱故三子皆有俊才并为国器长成德康熙癸丑科进士官侍卫以文章显名早卒有通志堂文集行于世次揆叙官佐领充侍卫聪敏好学早岁工诗上闻其名召试乾清宫立就经义一篇诗二首皆斐然可观上深加将叹焉次揆方读书能通大义幼凝重有成人风尚康亲王女郡主封和硕额驸女三人一配温郡王一适一等伯李天宝乃宗勋之后也一未字夙禀母仪皆有女德孙三人傅哥傅尔敦傅森俱成德出夫人幼习国书未谙汉字其后留心学习一览即能通晓好读通鉴女史诸书作字亦有楷法相国雅重文学招延名儒以训其子夫人则敕中厨具丰膳饼饵时果馈饷不绝以予之固陋缪见采择俾训二子尝冬月□□据几讲论经史自旦及日中夫人帷堂而听之甚喜手调酪茗以赐焉一日次君揆叙出时人诗稿示予中用郭隗事隗字误作平声予指其缪揆叙爽然曰昔我幼时读左传叔隗季隗亦作平声吾母闻之曰汝误耶此不当作平声则吾母之言良是矣其读书识字通解训诂多此类也平日皈心释氏晨起必焚香膜拜诵梵经一卷尝手书金刚经字画精整锓板流传缁素皆奉为重宝盖其上智宿慧自多生非偶然也予观周家之盛其男子如周公召公康叔唐叔皆以明德懿亲屏藩王室而其女子亦多贤明专静之德故其诗曰曷不肃雍王姬之车国人于其下嫁之时知其能敬且和以执妇道今观夫人之德其于诗人所称肃雍者诚无愿焉以观刘子政范蔚宗诸人撰述列女诸传所谓区明风烈昭我管彤者岂有能与夫人比伦者哉夫人生于崇德二年丁丑七月卒于康熙三十三年甲戌八月年五十有八相国衔哀茹戚朝夕腹悲将以本年十二月二十五日卜葬于双榆树之原而属余志其隧道之碑予自惟官卑人微且黯浅无文牢让不获复念馆于相国府第者前后数□□蒙恩礼知夫人内行为详因撰次其大略如左铭曰

于铄皇家　璇枝分布　庆远流□　贤王女士　龙种凤仪　并为祯祥　作配巨公　鸾飞凤舞　和鸣锵锵　疏通大体　授经绛幔　参语东厢　令行阃内　肃如朝典　之纪之纲　肩舆入殿　位次沁水　恩亚金乡　贵而不骄　德合坤顺　协吉黄裳　既慈且义　笃生令子　如珪如璋　翟车命服　起居八座　兴庆首行　优游福履　平泉之墅　午桥之庄　上根种智　精心内典　投体法王　茜不配德　奄忽谢世　晨露朝霜　郁郁佳城　安此窀穸　后嗣其昌

康熙三十三年岁次甲戌季冬十二月二十五日立　旌邑刘弘广镌

144. 皇清通议大夫一等侍卫佐领纳喇容若墓志铭碑

皇清诰封通议大夫一等侍卫佐领纳喇容若墓志铭

内阁学士兼礼部侍郎教习庶吉士昆山徐乾学撰文

经筵讲官都察院左都御史泽州陈廷敬篆盖

日讲官起居注翰林院侍读学士钱塘高士奇书丹

呜呼始容若之丧而余哭之恸也今其弃余也数月矣余每一念至未尝不悲来填膺也呜呼岂直师友之情乎哉余阅世将老矣从吾游者亦众矣如容若之天姿之纯粹识见之高明学问之淹通才力之强敏殆未有过之者也天不假之年余固抱丧予之痛而闻其丧者识与不识皆哀而出涕也又何以得此于

人哉太傅公失其爱子至今每退朝望子舍必哭哭已皇皇焉如冀其复者亦岂寻常父子之情也至尊每为太傅劝节哀太傅愈益悲不自胜余间过相慰则执余手而泣曰惟君知我子惠邀君言以掩诸幽使我子虽死犹生也余奚忍以不文为辞顾余之知容若自壬子秋榜后始迄今十三四年耳后容若人侍中禁廷严密其言论梗概有非外臣所得而知者太傅属痛悼未能殚述则是余之所得而言者其于容若之生平又不过什之二三而已呜呼是重可悲也容若姓纳兰氏初名成德后避东宫嫌名改曰性德年十七补诸生贡入太学余弟立斋为祭酒深器重之谓余曰司马公贤子非常人也明年举顺天乡试余忝主司宴于京兆府偕诸举人青袍拜堂下举止闲雅越三日谒余邸舍谈经史源委及文体正变老师宿儒有所不及明年会试中式将廷对患寒疾太傅曰吾子年少其少俟之于是益肆力经济之学熟读通鉴及古人文辞三年而学大成岁丙辰应殿试条对凯切书法遒逸读卷执事各官咸叹异焉名在二甲赐进士出身闭门埽轨萧然若寒素客或诣者辄避匿拥书数千卷弹琴咏诗自娱悦而已未几太傅人秉钧容若选授三等侍卫出入扈从服劳惟谨上眷注异于他侍卫久之晋二等寻晋一等上之幸海子沙河西山汤泉及畿辅五台□外盛京乌剌及登东岱幸阙里省江南未尝不从先后赐金牌彩缎上尊御馔袍帽鞍马弧矢字帖佩刀香扇之属甚夥是岁万寿节上亲书唐贾至《早期》七言律赐之月余令赋《乾清门应制诗》译御制《松赋》皆称旨于是外庭佥言上知其有文武才非久且迁擢矣呜呼孰意其七日不汗死耶容若既得疾上使中官侍卫及御医日数辈络绎至第诊治于是上将出关避暑命以疾增减报日再三疾亟亲处方药赐之未及进而殁上为之震悼中使赐奠恤典有加焉容若尝奉使觇梭龙诸羌其殁后旬日适诸羌输款上于行在遣官使拊其几筵哭而告之以其尝有劳于是役也于此亦足以知上所以属任之者非一日矣呜呼容若之当官任职其事可得而纪者止于是矣余滋以其孝友忠顺之性殷勤固结书所不能尽之言言所不能传之意虽若可仿佛其一二而终莫能而悉也为可惜也容若性至孝太傅尝偶恙日侍左右衣不解带颜色黝黑及愈乃复初太傅人加餐辄色喜以告所亲友爱幼弟弟或出必遣亲近傔仆护之反必往视以为常其在上前进反曲折有常度性耐劳苦严寒执热直庐顿次不敢乞休沐自逸类非绮襦纨者所能堪也自幼聪敏读书一再过即不忘善为诗在童子已句出惊人久之益工得开元大历间□格尤喜为词自唐五代以来诸名家词皆有选本以洪武韵改并联属名词韵正略所著侧帽集后更名饮水集者皆词也好观北宋之作不喜南渡诸家而清新秀隽自然超逸海内名为词者皆归之他论著尚多其书法摹褚河南临本禊帖间出入于黄庭内景经当人对殿廷数千言立就点画落纸无一笔非古人者荐绅以不得上第入词馆为容若叹息及被恩命引而置之珥貂之行而后知上之所以造就之者别有在也容若数岁即善骑射自在环卫益便习发无不中其扈跸时毡帐内雕弓书卷错杂左右日则校猎夜必读书书声与他人鼾声相和间以意制器多巧倕所不能于书画评鉴最精其料事屡中不肯轻与人谋谋必竭其肺腑尝读赵松雪自写照诗有感即绘小像仿其衣冠坐客或期许过当弗应也余谓之曰尔何酷类王逸少容若心独喜所论古时人物尝言王茂弘阑阇阑阇心术难问娄师德唾面自干大无廉耻其识见多此类间尝与之言往圣昔贤修身立行及于民物之大端前代兴亡理乱所在未尝不慨然以思读书至古今家国之故忧危明盛持盈守谦格人先正之遗戒有动于中未尝不形于色也呜呼岂非大雅之所谓亦世克生者耶而竟止于斯也夫岂徒吾党之幸哉君之先世有叶赫之地自明初内附中国讳星根达尔汉君始祖也六传至讳杨吉努君高祖考也有子三人第三子讳金台什君曾祖考也女弟为太祖高皇帝后生太宗文皇帝太祖高皇帝举大事而叶赫为明外捍数遣使谕不听因加兵克叶赫金台什死焉卒以旧恩存其世祀其次子即今太傅公之考讳倪迓韩君祖考也君太傅之长子母觉罗氏一品夫人渊

源令绪本崇积厚发闻滋大若不可圉配卢氏两广总督兵部尚书都察院右副都御史兴祖之女赠淑人先君卒继室官氏光禄大夫少保一等公朴尔普女封淑人男子子二人福哥永寿遗腹子一人女子子一人皆幼君生于顺治十一年十二月戊辰卒于康熙二十四年五月己丑年三十有一君所交游皆一时俊异于世所称落落难合者若无锡严绳孙顾贞观秦松龄秀水朱彝尊慈溪姜宸英尤所契厚吴江吴兆骞久徙绝塞君闻其才力赎而还之坎坷失职之士走京师生馆死殡于赀财无所计惜以故君之丧哭之者皆出涕为挽辞者数十百人有生平未识面者其于余绸缪笃挚数年之中殆日以余之休戚为休戚也故余之痛尤深既为诗以器之应太傅之命而又为之铭铭曰

天实生才蕴崇胚胎将象贤而奕世也而靳与之年谓之何哉使功绪不显于旗常德泽不究于黎庶岂其有物焉为之灾惟其所树立亦足以不死矣亦又奚哀

145. 皇清纳腊室卢氏墓志铭碑

皇清纳腊室卢氏墓志铭

赐进士出身候补内阁中书舍人平湖叶舒崇撰

夫人卢氏奉天人其先永平人也毓瑞医闾形胜桃花之岛溯源营室家声孤竹之城父兴祖总督两广兵部右侍郎都察院右副都御史树节五羊申威百粤珠江波静冠赐高蝉铜柱勋崇门施行马传唯礼义城南韦杜之家训有诗书江左潘杨之族夫人生而婉娈性本端庄贞气天情恭容礼典明珰珮月即如淑女之章晓镜临春自有夫人之法幼承母训娴彼七襄长读父书佐其四德高门妙拣首闻敬仲之占快婿难求独坦右军之腹年十八归余同年生成德姓纳腊氏字容若乌衣门巷百两迎归龙藻文章三星并咏夫人职首供甘义均主鬯二南蘋藻无愧公宫三日羹汤便谙姑性人称克孝郑袤之壶攸彰敬必如宾冀缺之型不坠宜尔家室箴盥惟仪浣我衣裳纮綖是务洵无訾于中馈自不忝于大家亡何玉号麒麟生由天上因之调分凰凤响绝人间霜露忽侵年龄不永非无仙酒谁传延寿之杯欲觅神香竟乏返魂之术呜呼哀哉康熙十六年五月三十日卒春秋二十有一生一子海亮容若身居华阀达类前修青眼难期红尘寡合夫人境非挽鹿自契同心遇辟游鱼岂殊比目抗情尘表则视有浮云抚操闺中则志存流水于其没也悼亡之吟不少知己之恨尤深今以十七年七月二十八日葬于玉河皂荚屯之祖茔木有相思似类杜原之兆石曾作镜何年华表之归睹云气而裵（徘）徊怅神光之离合呜呼哀哉铭曰

江名鸭绿　塞号卢龙　桃花春涨　榆叶秋丛　灵钟胜地　祥毓女宗　高门冠冕　朊族鼎钟　羊城建节　麟阁敉功　诞生令淑　秀外慧中　华标彩舜　茂映頳桐　曰嫔君子　天矫犹龙　纶扉闻礼　学海耽躬　同心黾勉　有婉其容　柔性仰事　怡声外恭　移茵奉御　执匜敬共　蘋蘩精白　刀尺女红　鸳机支石　蚕月提笼　孝思不匮　俭德可风　闺房知己　琴瑟嘉通　产同瑜珥　兆类罴熊　乃膺沉痼　弥月告凶　翠屏昼冷　画翟晨空　凤箫声杳　鸾镜尘封　哀旐路转　挽曲涂穷　荒原漠漠　雨峡濛濛　千秋黄壤　百世青松

146. 经筵日讲官起居注工部右侍郎兼翰林院掌院学士揆叙撰文敕赐琳霄观碑

敕赐琳霄观碑文

经筵日讲官起居注工部右侍郎兼翰林院掌院学士臣揆叙撰

盖闻崑二缥缈启白玉之仙楼阆苑峥嵘竦黄金之神阙自昔人真人攸宅多在奥区由来圣姥所都

必棲灵境然或方壶员峤远希海外蓬瀛月窟星躔遥睇云端宫殿岂若星联松牖暎御幄以增辉霓花雕栌拱宸居而焕采洵乎神人胥庆远迩具瞻者矣琳霄观者名标雁塞地属乌城自臣民葳事以来为行在祝厘之地万峰环秀二水交流测日晷于离方正坛壝于巽位因高架屋旧为炎帝之宫垒石为堂是谓火神之宅规模粗具殿庭鲜巨丽之观缔构维新像设表庄严之饰碧霞中座紫府宏开岱岳于以分灵神州因而锡福金容殊特巍然三十二光宝相端严粲若八十一好琼台珠□仰挹慈颜绛节朱旛近传响洪庥普祐实司福善之权纯嘏用申永示降祥之瑞星冠肃穆则玉佩来仪霞帔飘扬则瑶池并列锡子孙之繁衍吉兆征能助耳目之聪明长龄娩鹤岂独遥蟾金洞莫观灵辉空拟玉虚罔傅法象而已夫其降临福地密迩名区紫鳞游泳于沦涟采翼飞翔于岑蔚花光匝砌雨露敷荣树色参天云霄擢质羽幢芝盖拂行幄之土阶鼍鼓鲸钟应挈壶之漏刻远望而暮烟凝紫仰瞻而晨旭开红此则拱翊离宫之大概也乃若栋隆叶吉宸极兮荣经临万乘之光切莅三清之界栴檀小殿时闻袖屦之香金碧修廊长护风云之气璇题宠锡名擅琳霄金榜高悬祥□□斗坛边松柏三辰交暎于户庭井上芙蕖二曜循环于枅栱莫不群瞻御墨共仰天章庆万寿之无疆祝圣母之景福此则赐名介祉之大荣也尔乃俯临阛阓旁引陌阡树以桑麻开塞垣而歌乐土教之稼穑筑场圃而绘豳风白坟赤埴之神皋沃野逾千里黑秬黄粱之嘉种亩溢三钟仓箱群庆其丰盈酒醴不愆于报赛此则辅国佑民之大概粟也至于屏藩之国朝贡所经无雷出日之区火鼠烛龙之会同文同轨合八表以来□殊俗□方款九边而受吏覆帱所及跻熙攘于春台声教所通登康宁于寿域莫不沐仁风而喜形于色瞻灵宇而敬发于心络绎轮蹄望尘顶礼联翩剑佩识路如归此则助宣化理之大概也凡兹二气之良能咸赖一人之厚福怀柔河岳涵度量于高深膏泽寰区卜精神于强固危微精一心传宜溯唐虞服教畏神统驭并包释老无为称舜风开道德之先多寿祝尧历冠神仙之首若乾坤之函盖百灵肸蚃而保和如日月之照临两大氤氲而合瑞是则天之佑助无烦颂祷之词神所凭依与享升平之乐凡为臣子孰不尊亲庶几香火千年愿绵长于宝祚畴图五福思翊替夫皇猷云尔

康熙四十九年六月望日　　皇三子诚亲王臣胤祉奉敕书

147. 皇清光禄大夫经筵日讲官起居注议政大臣都察院左都御史兼翰林院掌院学士事教习庶吉士管佐领事揆叙墓志铭碑

皇清诰封光禄大夫经筵讲官起居注议政大臣都察院左都御史兼翰林院掌院学士事教习庶吉士管佐领事加七级谥文端揆墓志铭

赐进士出身光禄大夫经筵讲官文渊阁大学士兼礼部尚书加七级太仓年家眷弟王掞顿首拜撰

赐进士出身光禄大夫经筵讲官工部尚书加二级华亭年家眷弟王顼龄顿首拜书丹

赐进士及第光禄大夫巡抚广西等处地方提督军务兵部左侍郎兼都察院右副都御史加二级海宁年家眷弟陈元龙顿首拜篆盖

康熙丁酉正月左都御史文端公卒于位天子深加悯悼宠锡叠加朝野荣之余忝公两世交既卒哭缅怀风规淹忽春夏今且葬有日矣嗣子永寿以隧道之碑请余志而铭之馀维公之立朝□□余年文章勋业彪炳国史海内之士咸仰若泰山北斗矣若夫自幼折节读书与生平之阴行善事谦谨廉洁世或以门第禄位掩之余则得之吾友翰林孙松坪至弥查夏仲慎行吏部唐实君孙华为最悉盖诸君与公同砚席久而益信故能真知而乐道之余得从诸君子之绪言而为之志且铭也按公姓纳兰氏讳揆叙字恺功自号惟实居士始祖星根达尔汉据纳兰部因氏焉五传讳杨家努为公高祖讳金太石为公曾祖讳倪迓

汉公之祖也世为业黑国王本朝太祖高皇后为金太石女弟曰嫔太祖高皇帝笃生太宗文皇帝入本朝国除倪迓汉以佐领累赠光禄大夫夫人墨尔齐氏累赠一品夫人生子太子太师明公公之考也夫人觉罗氏诰封一品夫人为太祖高皇帝嫡孙女英王正妃第五女公之妣也康熙甲寅生公呱声甫达识者知为非凡器太师公与太夫人钟爱特甚少长不好弄日惟凝神端坐静默若成人四岁能以四声音韵教其侍立青衣太夫人奉佛谨公之嬉戏惟学膜拜诵佛号夙根善慧理或然与年八岁受业于吴江孝廉吴兆骞读四子经书一如夙习既背诵终身不忘性喜涉猎诗古文夏日雨后师以雨过青苔润属对公应声曰风归翠竹踈公之兄通议大夫容若先生雅负文名击节叹赏自谓少时迥未逮时容若与朱竹垞彝尊姜西溟宸英严耦渔绳孙顾梁汾贞观时宴集于花间草堂辄召公往诸公咸以异才目之岁乙丑公年十二岁公兄容若先生殇哭之甚哀是年即授佐领雅非公意乃习举子业不期年为时艺已不啻老师宿儒然公尤潜心于古人诗文之学每如厕及枕间马上手不释卷时先受业于夏仲既又师实君两君有作公辄和之因谓太师曰公既以勋阶服官不必更事科举盍令肆志古学俾为一代名儒耶公遂得于经史之暇纵读秦汉以下诸子百家自定读书课程为寒□所不能实君赠诗有砚冻晨窗雪镫深夜帐檠之句盖实事云戊辰娶夫人耿氏戚畹传芳夙娴书史于归后公若得良友朝夕商确惟读书乐善三十年如一日世族大家实罕其比公贮书最富凡镂刻无本者辄令人钞录大半皆手经丹□时上渐知公名太师奉使出上幸其别墅赏花钓鱼迎送如成人上念公体弱戒勿远送君臣之际早占恩遇之隆而建树之必远且大也癸酉奉旨扈从自是而后六飞所向时在属车豹尾间公幼习骑射橐鞬珥笔兼擅文武上深眷之甲戌五月升三等侍卫秋七月召入乾清宫作应制诗一章兴于诗全章时文一篇称旨明年升二等侍卫遭母丧哀毁几不欲生遂日以尫羸上遣内侍视之且谕太师曰尔子学问优长人品极好但质体甚弱不必带伊出门频令太医调治且下温纶俟养好扈从公明于事君大义益感激□□□□□□事不□有身□明年□□奉特旨改擢翰林院侍读时年二十有三丁丑正月□□□□日讲官起居注上特加奖誉戊寅冬命与大学士桐城张公英尚书新城王公士禛华亭王公鸿绪南书房行走公身在讲幄且入禁近下直后惟与松□□□读书道古闭门却轨不知其为密勿侍从也乙卯扈从江南上谓从臣曰揆叙极是小心老成居官甚好学问文章满洲中第一大学士伊公桑阿奏曰满洲中难得此美才好学□□□□公山奏曰上年盛京六道谕祭文皆伊一手撰拟也庚辰升侍读学士壬午三月上命词臣作书公即书其扈从诗八章序文一首进呈上大嘉赏谓诗文俱佳字亦甚好观伊学问比前更进矣十一月又试宋高宗不复仇论同试者相国孝感熊公以下凡数人公草稿甫成上命内侍取阅令速誊勿易一字谓议论识鉴词藻压倒诸人朕昔知为满洲第一今日汉人中亦推第一矣是年十二月擢拜翰林院掌院学士兼礼部侍郎入谢时同朝啧啧叹赏谓其官其文可及其年不可及是时公年止二十九也明年教习庶吉士充经筵讲官奉使朝鲜宣上达下得绥远之道署大司空篆厘剔有声公在翰林凡碑版大制作皆出公手即他人草创亦必经公改定始进呈与人交谦和谨重待前后辈无不推心置腹于教习后进诱掖奖劝尤谆谆戒勉冀各修厥职为词林光宠戊子四月拜少司空兼掌翰林院如故右侍郎例管钱法故事治工日进样钱十贯公却之积弊为除四月丁太师公艰哀毁如哭太夫人时庚辰转本部左侍郎壬辰擢拜都察院左都御史兼掌翰林院如故公以文学起家荐掌清要而公退焉呐焉若后门寒素未尝稍有所增损当公总宪命下人谓公于文学有余恐于政治或未习不知公自幼读书未尝以章句自命凡历代典章得失及本朝会典律例讲求精熟判决法司事台班咸诧叹明允凡同九列议经国大事片语单辞恰中机要槐棘间每有□□□□公一言以定奏上辄契可在台时奏劾侵欺俸禄奏缉结党匪类皆其大者其他举劾一凭公论略不

徇一毫私心上亦深信公无不俞允公自贵公至九列绝无矜骄之气一生谦和与物口口而口重刚分人自悚然敬之苍生属望谓公口不久入政地而公赋质素羸勤劳王事夙夜匪懈故方在壮盛而病已不起齿不副德天下惜之公于昨岁扈从归患嗽疾而肋作楚上令休养别墅御医内侍络绎问视赍赐频加上亲检医书普门医品遣内侍赐示驾幸汤山及马兰峪经别墅门必遣中使看视岁暮上知公病笃著太医官刘声芳栗衮炳与鄂尔斯新来医者噶喇芬公同加意商量胗口口今年正月吉日家人以病面奏上遣内侍陈某侍卫佛某郎某巴某四人护送还私第初七日辰刻薨于正寝上惋悼不已仍令陈某等经理殡殓又遣领侍卫内大臣公鄂内大臣侯巴率诸侍卫临其丧奠茶酒赐良马命所属两佐领以下官俱缟素赴哭皇太后遣内侍总管并章京等赍赐茶酒饭三日乃止上谕南书房翰林云掌院下世再欲得如此一人良不易得尔等应往哭之至二十一日上遣内侍陈某内侍首领王某侍卫郎某戴某四人至第二十一日卯时发引九王子十王子正黄旗领侍卫内大臣公海及本旗侍卫等俱奉旨送榇于昌平州之皂荚屯停丧丙舍礼部以恤典奏请诏赐全葬遣礼部左侍郎沙至停榇所谕祭谥曰文端公自侍从跻中台叨上恩眷赐予极多前后蒙赐御书匾额五挑山八幅对联六副金扇五柄墨刻法帖三册御纂书籍十二部御制龙宾墨四笏内制砥石山绿砚六方内造甲全副内造文绮九端内制大红玻璃鼻烟壶内制火镰包宫制荷包等物皆其可纪者其余若珍味药物颁自尚方不能胪纪生荣死哀于斯而极公天性孝友太师公礼教严重公问安视膳视形听声衣冠侍立不命之退不敢退也与兄通议公弟和硕额驸挚谊敦笃两公既殁抚其孤皆若已出于书无所不读内典方书皆所留意讲求筹算笔筭及西洋浑仪等法晚复亲聆上指授几何算法书以故测量躔度等皆了如指掌盖公资既高又刻深研几凡得一书穷源竟委必尽其蕴而后止天假以年发皇经术黼黻圣治皆未有涯涘也未及下寿溘焉赍志良足悲夫公所著诗文及编纂前人说部诗集极富奉命总裁各书凡列公名者无不亲加校阅厘定乙未春上以公为诗经专家命与大司农华亭王公编纂镌惟此书及半未竟公生于康熙甲寅二月二十四日寅时卒于丁酉正月初七日辰时年四十四岁娶耿氏诰封一品夫人额驸壶敏公女和硕柔嘉公主所出也嗣子永寿官荫生娶阿氏光禄舍太公女涓于今年冬十月望乙未奉公葬于昌平州皂荚屯之赐域太师公之次穆位余徇其请以所闻于诸君者为之志且系以铭曰

于维文端　少擅圭璋　绍闻衣德　五世其昌　佳城郁郁　松楸苍苍　天潢懿亲　累叶重光　穹碑屹立　宸章矞煌　凭轼肃敬　文端之藏

148. 诰封一品夫人揆叙元配永寿母耿太夫人墓志铭碑

皇清诰封一品夫人揆文端公元配永母耿太夫人墓志铭

赐进士出身光禄大夫经筵讲官文渊阁大学士兼礼部尚书加七级太仓王掞 顿首拜撰

赐进士出身光禄大夫经筵讲官武英殿大学士兼工部尚书加二级华亭王顼龄顿首拜书丹

赐进士及第光禄大夫经筵讲官工部尚书加二级海宁陈元龙顿首拜篆盖

康熙丁酉冬十月总宪揆文端公葬于昌平州造甲屯余既卒哭而铭其隧越明年己亥亦以冬十月铭其德配耿夫人之墓噫良可悲矣按二孤子手状夫人姓耿氏柔嘉公主所生驸马都尉壶敏公爱女也生而聪慧颖悟绝伦幼稚时端庄凝静若成人少长读内则诸书咸过目成诵作字端楷兼通国书精于翻切为专家所不逮终日焚香观书寒暑无间家人咸礼惮之然心极慈和御下以宽恕奉佛持斋无绮罗嗜好少事公主都尉以孝闻相继薨逝夫人与兄执丧尽礼每以不逮养为憾盖孺慕终其身也年十一春口

正月上召夫人进大内纵观灯火上语及公主都尉事夫人历历奏对悉称旨妃嫔贵人皆极怜爱抚惜备至是日即拜赐首饰文绮此圣恩下逮之始也自此以后上笃念懿亲且嘉夫人容止静慧赏赉叠加为留意择配至年十八于归文端公时公之兄通议大夫容若公已捐馆弟和硕额驸年尚少奉事太师公止文端一人夫人入子舍事翁姑竭尽孝道常曰女子于翁姑一如父母所以事翁姑者略不得当则其所以事父母者可知以故太师公暨太夫人之视夫人如爱女朝斯夕斯倚文端与夫人不啻若左右手之不能顷刻离也既遭太夫人与太师公器偕文端公共执丧礼无几微遗憾既葬岁时至封茔瞻拜雪涕辄留连不忍遽去和硕额驸既尚主相继早世遗二孤子即永寿永福皆在幼冲夫人扶养教诲如所生文端卒上命永寿为嗣子明年又令永福为文端子二孤子先后执丧极尽子职文端无子而有子夫人今日较文端不独有一子而且有二子即其食报占其生平甚矣天道之不爽而圣恩之勿辜也夫人既配文端公相敬如宾文端起家侍从荐登宪长天子倚为股肱臣且掌翰院并清要第一退朝之暇手一编咿唔不休虽老师宿儒咸逊其绩学互行夫人贵为一品命妇谈经说诗与文端若同研生或劝以盍一事吟咏夫人曰读书所以明大义作诗非女子事也文端公一生清分而荫藉高华家富丁众夫人寂坐内室皆烛照计数了如指掌家众持筹抱牍纵横不可究诘夫人发一语辄中款的虽千里百里传命奉行罔敢欺隐文端公不问家人生产而入室井然部署任使无不得当皆夫人经理之才宜家不啻治国云上尝两幸文端别墅看新篁竟日留连尽欢夫人夙设经营无或阙内侍无不啧啧叹为贤能夫人生于主家嫔于相府贵显已极身御浣濯衣食不罗列更体贴下隐无不周详尽致迄今三十年来平津之客东阁之宾以及门生故吏九流缁素下逮臧获辈无不颂扬淑德懿范不可再得易箦之顷无不哭之失声雅好降行善事尝语侍婢人为善事何必使人知必欲人知直以行善为估名吾生平所不取也早晚勤视文端之饮食寒燠必躬必亲必诚必敬文端素羸弱延名医曲加调护岁丙申偕文端在热河渐病夫人心甚忧惶寝食为废归京师文端犹力疾供职夫人吁天请代至丁酉首春七日文端竟以不起夫人哀毁几灭性上再三慰令自爱以抚孤丧葬为重自太后以下皆遣吊唁赐赉勉以饮食夫人始强起饮勺水经理后事布衣椎髻啜粥经年日以益瘠毕葬立宗祊嗣子既成立而夫人病已入膏肓矣上知夫人过哀毁时遣使慰谕赉予便蕃又以永福亦为文端嗣子且许尚主下嫁有日所以安夫人者异数极隆何期夫人迫遂其同穴之愿而竟溘焉逝哉夫人一生得上眷最优凡进见时皇上以下皆以格格呼之与皇妃同坐饮食言笑修家人礼凡金琳簪珥纻丝锦绮出自上方者赐无虚日御书匾对挑山金扇所得独多文端扈从热河夫人必偕往上召游山庄同公主王妃汎舟登览所谓三十六景者皆一一得到柔嘉公主乳媪李尝随侍入内上顾曰若公主乳媪今随格格耶因语及曩时欷嘘久之遂赐李白金二锭此尤逾于寻常赏赉举朝所不易得也岁壬辰在热河奉旨日进常馔一二夫人另立庖厨洒扫精洁日必躬亲检视以进如是者八年如一日尝曰吾少不及养父母嫁不能终事翁姑今上吾君亦吾父奉事敢少阙节乎盖其天性忠孝不以身为女子敢偷安以稍歉于中也今年四月七日奉旨以皇九子第三格格下嫁永福夫人遂率子入谢囗纶缱绻即下礼部钦天监会同择吉谨涓十月八日进礼明年庚子二月三日成婚自文端殁后家人不见其有笑容是日始见有欣喜色平日常教二子移孝作忠是日召两子谕之曰吾家世受国恩捐躯难报汝父甫终即赐永寿以佐领世职今永福又得继都尉尚主君恩尔许何以报称汝二人须仰体祖父与若父凡事勤慎为国出力不可贪懒言已泫然泣下盖悲文端之不及见也昨岁九月上自口外回銮夫人于圉门迎接上见夫人面瘦削令原任常州守章文金黄诊视医治稍痊今年五月旧病复作七月益剧时长子在口外次子率家众请曰夫人病日笃请赴行在求医药夫人曰嘻竖子何不晓事上在热河方那居康悦以吾请医药岂不仰

累圣怀日强起经理次子进礼事及期成礼咸得大体会上至汤山夫人遣奏体弱不能迎接内侍陈传问上始知夫人病且亟极遣章文金黄加意调治翼日又令西洋医安泰同章诊视十八日上遣内侍陈来看至十一月朔夫人病危两子遣人陈奏上遣内侍陈来问格格何一病至此有何陈奏夫人伏枕涕零口奏曰臣妾受皇上深恩义兼君父臣夫在生仰沐天恩无福去世未曾报得三年以来上待臣妾较臣夫在日更加高厚既赏二子送终蒙皇上又将孙女赏配臣妾次子永福如此旷典多是梦想所不到指望娶到吾家共事君父就如臣夫报答主恩不料臣妾病日益重蒙皇上络绎遣问臣妾如见君父慈颜臣妾之病自问不起回念臣妾从小受恩甚重不敢想望求祭葬碑文疾痛则呼泪沾床第唯有诫谕二子尽心报主臣妾与臣夫九泉之下惭负高深永远无穷更臣妾有使女十人太监杨植伏侍日久听伊等从父母自去或与臣妾守坟墓又前年曾挑家人三十二房二十房已往造甲屯守臣夫坟墓其胡然王联奎安畬彭寿三小子长岱十二房亦与臣妾守墓内有安尚仁自臣妾公姑老仆诸事能办次子婚娶俱托伊经理也谨此口奏遂伏枕再叩呜咽不能成声是夜遂一无所言交初二子时终于内寝陈内侍即为驰奏上甚为悼惜云朕见大臣诸女无如此格格贤淑者遣内务府尚某顺某来经理丧事遣觉罗尼公哲公世袭迈公率领本旗侍卫奠酒又各皇妃遣内首领十人来奠酒上谕皇九子云尔亲家不在尔应遣吊遂遣长史朱某孙某来治丧事初三日奉旨格格所奏遗言悉依之行二子家务俱著安尚仁经理十一月庚辰长至上南郊礼成回宫敕问格格何日出嫔何日安葬内侍陈奏以十一月二十四日出殡十二月初四日安葬奉旨即著内侍陈同各宫首领送殡又谕翰林院掌院徐元梦曰格格在日朕待之如公主尔好生撰拟谕祭文命妇宠绥如夫人者显荣之虽曰丰于福而啬于年然观其临终了了陈奏详明一生忠孝于兹可见夫人其传矣夫人生于康熙辛亥年五月初一日亥时卒于己亥年十一初二日子时享年四十有九诰封一品夫人嗣子二长永寿官荫生见任正黄旗佐领娶阿氏光禄含太公女次永福尚皇九子主二子尊夫人遗命于今年十二月初四日附葬于昌平州所属之造甲屯文端揆公之墓铭曰

粤维夫人　主家贤媛　曰嫔文端　寔昌其门　天性忠□　淑慧夙根　猗欤懿危　诗礼□敦　事上接下　动止道存　灵輀出郭　人拭泪痕　宅兆安妥　永承天恩　瞻望松楸　谡谡生温　遗荫百世　绳绳子孙

149. 皇清诰封和硕额驸纳兰揆方墓志铭碑

皇清诰封和硕额驸纳兰揆公墓志铭

赐进士出身翰林院侍讲学士双峰年羹尧撰文

诰授奉政大夫户部湖广司郎中江西南安府知府海宁陈奕禧书丹

赐进士出身翰林院检讨加三级沽河阿金篆盖

公讳揆方字正叔今予告太师明公之第三子也孝慈高皇后于公为曾祖姑而公与太师公又皆联姻帝室此其宠荣岂寻常之比而已哉当太师公秉轴时公方在弱龄从塾师学暨太师公致政家居则公之伯兄纳兰公已谢世矣而公仲兄今掌翰林院事恺功先生则又在帝左右凡巡幸所至皆命扈从故不能常侍太师公侧长留膝下者则公也公今且死矣此太师公之所以不能已于悲也余昔娶公兄纳兰公女故公于余情好最笃当余妻之亡公哭之哀而公之配郡主则又于康熙四十五年十一月十五日弃世距公之死不及两寒暑呜呼悲哉犹记公命余为郡主作铭以藏诸幽余辞之不获不得已乃追述亡妻之言补缀成之以塞公请日月几何又承太师公之命执笔以铭公然则人生之奄忽而世事之不可把玩如

此岂不悲哉公之孝友本于至诚遭太夫人丧溢于情而制于礼惨切于心几至委顿盖久而后复其常也其事太师公先意承志无不曲中夫子之语子夏曰色难惟公能不愧为家庭之间融融怡怡花萼竹林曾无间然伯兄既早逝而仲兄勤于王事公以为世受国恩所借以报效者唯兄一人其敢复烦以家累乎而院长先生亦常语人曰余久在外所恃以慰吾亲者以有吾弟耳呜呼今则已矣可胜悲哉公为人沉静寡言笑然事无论巨细众或聚讼纷纷公徐发一言皆折服无以易太师公所谓出语常当于心又多有出于意外者盖实录也公于书无所不读乃对之如未尝有书者家故多藏书而搜罗购求虽厚价收之亦所不惜得所未有辄穷日夜废寝食句栉字比钩棘锄芜无余剩而后已惟其笃志于此故他所嗜好皆淡如非苟以自异于世之纨绮者而刮磨豪习未尝以富贵骄人与人交不为翕翕热其所输心不背易之家居恭谨史所载万石君家未足多者公于余既有知己之雅今之铭虽太师公之命实公之遗言也然微公言余其能已于斯后哉昔韩退之之铭马君至有久不死之恨而欧阳永叔之于黄梦升江邻几诸人皆不胜琴笛之感乃余两年以来于公与郡主之嘉言懿行将大书特书不一书而已昔人所叹华屋山丘良有以也公生于康熙十九年四月二十四日以康熙四十七年正月十四日不起高祖杨吉努曾祖金台石祖倪讶汉太师公其父也配郡主和硕康亲王之女男子二人长安昭次元普公之没也上闻之恻然且念太师公老矣恐其过时而悲特谕速营窀穸亦异数也于是太师公将以四十七年正月二十五日卜葬公于皂角屯乃先期命余为之铭

公于太师　朝夕起居　平泉绿野　过从与俱　九原有知　其能忘诸　公于富贵　得之生初　不有其有　视之若无　于所难能　行之坦如　呜呼公乎　美不胜书　掇斯数语　可知其余

150. 皇清诰授光禄大夫议政大臣散秩大臣兵部左侍郎正黄旗满洲副都统兼佐领永寿墓志铭碑

皇清诰授光禄大夫议政大臣散秩大臣兵部左侍郎正黄旗满洲副都统兼佐领事加五级永公墓志铭

钦赐进士及第经筵讲官太子太傅文华殿大学士仍兼理户部尚书事务一等阿达哈哈番加七级年家世弟蒋廷锡顿首拜撰

赐进士出身光禄大夫内廷供奉经筵讲官都察院掌院事左都御史仍兼理吏部户部侍郎加二级年家眷世弟史贻直顿首拜书丹

赐进士出身光禄大夫经筵日讲官起居注少保兼太子太保保和殿大学士兼管吏部户部尚书仍管翰林院掌院学士世袭一等阿达哈哈番年家眷世弟张廷玉顿首拜篆盖

岁辛亥之正月六日光禄大夫左少司马永公以疾卒于位越十有九日厝公柩于昌平州皂荚屯祖茔之次而属余为之铭余惟先大夫与公伯父成公曩以癸丑同年相友善余癸未通籍读中秘时则公嗣父文端公为教习师提携训海荷国士之知及公之赞秩宗佐枢府也复与余晨夕禁闼相欢爱如平生交夫以世好之旧夙契之雅知公宜莫如余者兹铭也谊何敢辞公讳永寿字仁山别号是观居士始祖星根达尔汉灭扈伦国收其纳兰部而迁业赫河之滨因为纳兰氏六传至公高祖讳金台石又传曾祖讳倪雅汉世为业赫国王后率所部归本朝授佐领我孝慈高皇后金台石公之女弟也曰嫔太祖高皇帝笃生太宗文皇帝纳兰氏之兆祥有自来矣倪雅汉公以佐领累赠光禄大夫夫人墨尔齐氏累赠一品夫人生相国太子太师讳明珠公之祖也夫人觉罗氏为太祖高皇帝嫡孙女英王正妃之第五女诰封一品夫人相国有子三长癸丑进士一等侍卫讳成德次议政大臣左都御史兼掌院学士文端公讳揆叙即公嗣父夫

人耿氏额驸悟敏公女柔嘉公主所生也诰封一品夫人次和硕额驸讳揆方娶觉罗氏和硕康亲王之第八女册封郡主公本生父母也文端公无子圣祖仁皇帝命以公为子公生而颖异七岁能作径尺书挥洒奇特九岁工诗善属文有神童之目十岁精骑射于经史百家之言靡不究览性沉静尝终日危坐不一言及叩以古今事理皆应答如响圣祖仁皇帝特深器之年十六即授佐领越二年擢头等侍卫出入禁廷小心恭顺所奏对悉称旨赏赉珍玩不可胜纪今上御极之初特授散秩大臣癸卯正月遣祭告医无闾山四月升授正黄旗满洲副都统寻署理本旗都统印务乙巳十二月兼署镶红旗都统印务丁未正月擢礼部右侍郎四月转兵部右侍郎未几进左皆仍兼旧职八月命充议政大臣己酉二月兼署镶蓝旗汉军都统印务公既叠膺宠命益奋身励节惟勤惟慎夙夜在公其为都统则威惠兼施赏罚必信用俾行阵和穆军府肃清在兵部则综理邦政内外劼毖与同列协恭共济董率曹椽事无留滞而略不烦苛皇上知公之精白一心克副委任是以眷注尤渥恩赐宸章宝玩服食器皿之类岁时相继视同列有加焉公体素清臒自参帷幄莞枢机职重事繁公仰感知遇之隆披沥精诚悉心殚力朝夕无少间至以劳成疾公隐忍弗言也庚戌八月疾始剧则假静摄遣御医诊治药饵食物皆给自内府公无子上以公嫡弟讳永福之子嗣为子而命内务府大臣海内侍臣张为经理其家务既没奏闻上深悼惜翌日遣世袭一等公诺御前侍卫十人赐奠茶酒所得恤典如例公性至孝额驸郡主相继即世公时方髫龀悲泣孺慕执礼如成人自嗣文端公后与夫人关氏奉事太夫人先意承志曲得其欢心太夫人尝顾而喜曰此我佳儿佳妇皆蒙圣恩赐也太夫人殁哀毁骨立丧葬咸尽礼与弟永福公方爱极笃弟殁抚其遗孤若己出家席相国余荫赀素丰园林亭馆甲于都邑顾公独喜俭约自奉如寒素上尝赐公御书金箑曰勤俭乃膏粱子弟之所难能公谨奉训旨益以清慎自持夫人亦与公合志治家具有条理闺门之内雍雍如也生平好施予办佐领事常赡给孤寡枢部司属有勤能而资力不足者推俸余助之他举行善事动捐千百元无所惜比得疾召集三党皆厚有赠遗下至臧获莫不给赏盖仁心为质惠泽周施宜乎易箦之日巷哭衢哀也先是文端公贮书最富至公益购奇访异缥囊缃帙汗牛充栋公余之暇丹铅申乙披览不倦又精于鉴古每得三代及秦汉唐宋间法玩必恭进御览不敢自私尤潜心内典暇则结跏趺坐持诵弗辍故去来之际性觉空明脱然无碍惟以世受国恩未及仰报嘱遗孤成立竭力报效为谆谆云公以雍正九年正月初六日殁距其生康熙四十一年八月二十九日享年三十诰授光禄大夫议政大臣散秩大臣正黄旗满洲副都统兵部左侍郎兼佐领加五级配关氏正黄旗汉军副都统含太公女诰封一品夫人嗣子一宁琇幼未聘女四幼未字俱嫡出呜呼公生于贵胄甫壮年而遽逝然内参谟略外总韬钤忠勤匪懈之忱恪恭不渝之节上孚于圣主而下信于同朝书之史册光耀无穷公又何遗憾乎铭曰

粤惟纳兰　世有疆土　既臣我朝　奕叶圭组　思斋衍庆　肃雍垂型　荐启司马　表异髫龄　文工翰墨　武娴决拾　国器家桢　令名并集　始擢佐领　莅事精明　旋備宿卫　益罄忠诚　乃陟总戎　载陪枢幄　筹画职方　指挥韬略　夙夜匪懈　出入必钦　任重职繁　履薄临深　公尔忘私　遑恤其瘁　以慎以勤　心力交勚　圣怀轸恻　恩谕频宣　奄乘箕尾　天不假年　以死勤事　其又何咎　勒之贞珉　永垂不朽

151. 赠户部尚书议政大臣穆和伦之父沙尔纳祖父多布察曾祖父库尔邦格为光禄大夫封母和佳氏张佳氏赠祖母曾祖母为一品夫人诰封碑

奉天承运皇帝制曰士位列崇阶作忠由于移孝业隆严训资父所以事君念兹堂构之贻厥有丝纶

之赍尔沙尔纳乃户部尚书议政大臣加二级穆和伦之父躬裕懿修世推淳德泽流弓冶裕家学于庭帏庆衍门闾亮天工于邦国令名允称殊典庸加兹以覃恩赠尔为光禄大夫户部尚书议政大臣加二级锡之诰命於戏一经迪后式传报国之忱七命沾恩益著象贤之美钦承休宠丕佑来昆

制曰职重朝班宜溯源内训功崇王国尤归美于母仪式奖芳规俾承休宠尔户部尚书议政大臣加二级穆和伦母和佳氏名成令善质秉柔嘉七诫早娴流徽声于妇□三□足□著慈教于乡材令□夙彰□施□□□□□□□□□□□□□於戏□□庆伸乌哺之恩私象服增□慰□九□□□钦□宠命昭乃遗风

制曰劬劳□间垂鞠□之深恩褒锡维均典劝忠之□懋于无分□先后宠并极乎优隆尔户部尚书议政大臣加二级穆和伦母张佳氏夙娴内则克□前徽贵不忘勤□职克敦于□□□慈能启孝母仪聿著于庭门盛典欣逢殊恩□沛□□□□□□□□□□□□□□人於戏翟恭膺益表柔嘉之范丝纶荐被用伸顾复之□情休命□承令闻益永

诰封穆和伦之祖光禄大夫户部尚书议政大臣加二级多布察祖母□□□□吴苏氏……

诰封穆和伦之曾祖光禄大夫户部尚书议政大臣加二级库尔邦格曾祖母□□□吴□氏……

康熙□十二年二月十六日

152. 礼部尚书穆和伦之母张佳氏谕祭碑

维康熙四十九年岁次庚寅四月丙申朔越二十有九日甲子皇帝遣礼部郎中加五级马尔赛谕祭诰封一品夫人张佳氏之灵曰朝廷弘锡类之恩典均存殁臣子著靖共之节荣被庭闱尔张佳氏乃礼部尚书穆和伦之母教子服官勤劳厥职齿登眉寿宜贲彝章特颁谕祭以光泉壤尔灵有知其钦承之

153. 皇清诰封光禄大夫经筵讲官议政大臣礼部左侍郎兼管右侍郎事代理镇门将军印务兼佐领吴努春墓碑

（碑阳）

皇清诰封光禄大夫经筵讲官议政大臣礼部左侍郎兼管右侍郎事代理镇门将军印务兼佐领加七级仍带记录九次吴公讳努春□碑

（碑阴）

显考吴公讳努春初任刑部七品他齐哈哈番二任都察院主事三任户部员外郎加三级记录五次四任保举才能改授御史巡视中城记录二次五任吏部郎中六任兼管刑部郎中记录二次七任陕西提刑按察使司按察使八任陕西承宣布政使司布政使九任太常寺正卿加三级十任内阁学士兼礼部侍郎恭遇覃恩加一级十一任兵部左侍郎十二任经筵讲官十三任议政大臣由议政大臣特简随康亲王福建军前参赞大臣十四任代理镇闽将军印务十五任礼部左侍郎管右侍郎事十六任兼管佐领嫡母瓜尔佳氏继母觉罗氏皆封一品夫人公生于天聪壬申年十月十七日戌时卒于康熙甲戌年二月二十九日巳时享年六十有三

大清康熙五十二年三月十八日　户部八品笔帖式加二级承德郎孝子吴敏谨立

154. 管理广宁城守尉常爱撰重修北镇庙禅林记碑

重修北镇庙禅林记

医巫闾山胜甲幽州晋都之保障神京之屏藩也自虞帝肇封历夏商周汉唐宋辽金元明世代禋祀与岳渎并兵燹后梵宫贝阙尽属灰烬幸圣天子建极东巡狩翠华莅止柴望山灵抚松盘桓瞻郁葱佳气持挥宸翰发帑建□□□巍焕允京兆请睿藻缤纷琐珉屹立洵怀柔河岳千古之荣恩欤惟时镇神隆□□佑皇图天眷协领常公城守兹土余亦幸邀简命来串是邦协恭和衷仰报洪恩作万寿寺立万寿碑亭永祝圣寿无疆犹虑住持乏高僧无以妥神灵而酬君德致贻庙□□□□将军京兆礼部延禅僧六雅为北镇庙主朝夕焚香晨钟暮鼓庶以祝国佑民而无□□□□圮不蔽风雨德馨陋室可奈何常公曰此良有司之责也余曰然鸠工庀材补苴修葺□□□□者整建香积厨碾各数椽东西禅林聿新俨然闾山之胜刹藉非镇神灵佑圣天子之福庇不至此落成常公嘱余记寿石余鄙儒俗吏何记之有聊志夫略如此要欲妥神灵之赫濯酬君德之高深与医巫闾山并峙不朽至勷事监工劝输乐助姓名书左

管理广宁城守尉加二级常爱　文林郎知广宁县事暨阳钱世勋同撰

大清康熙五十四年岁次乙未三月十八日立　奉天广宁汉军副榜胡天成书丹

155. 议政大臣礼部尚书兼太常寺卿署仓场事务总公库大臣佐领荆山墓碑

议政大臣礼部尚书兼太常寺卿署仓场事务总公库大臣佐领加六级谥端简荆山碑文

宣猷奉职臣子之常经褒德酬庸国家之彝宪果其才优肆应操履无私历著靖共堪承委寄饰终之典可勿隆□尔荆山赋质端方宅心简素仪曹早试太祝旋迁继分判于奉常恪恭表誉嗣含香于计部干济腾声卿月升华夙夜益虔禋祀廷平执法重轻式协科条贰容台而□宗伯秩叙□惇综公库而摄仓储忠勤弥励俾参国是克赞訏谟值众务之殷繁井然就理何倚任之方切忽尔云亡深轸朕怀遣大臣而致奠详稽谥法锡端简而休称於戏嘉绩□存悼老成之遽谢恩纶特沛垂奕祀以增荣用勒贞珉式彰令典

康熙五十七年　前资政大夫总督山西兵部左侍郎伊都立书

156. 议政大臣礼部尚书兼太常寺卿署仓场事务总公库大臣佐领荆山谕祭碑

皇帝谕祭议政大臣礼部尚书兼太常寺卿署仓场事务总公库大臣佐领加六级谥端简荆山之灵曰国家酬庸褒德聿隆恤下之文臣子宣力奉公爰荷饰终之礼故生则优之爵禄倚任方殷殁则示以哀荣轸怀培切尔荆山持躬清简禀质端凝初试仪曹旋司太祝分判奉常之事职殚精勤畀襄农部之烦□□干济爰膺礼寺洊陟卿行凛将享而□虔历初终而一致用迁廷尉克慎科条载贰容□□惇秩叙特晋阶乎宗伯俾入赞夫吁谟仍摄仓储兼综公库鉴尔靖共之笃挚频加赉予之便蕃忽告奄殂良深嗟悼谕大臣而致奠数丕昭锡端简之嘉名遗徽永著更稽彝典式荐苾芬於戏宠泽常新贲重泉而焕色谋猷未泯垂青史而流光灵如有知尚其永格

康熙五十七年　庚戌科进士翰林院庶吉士改补刑部山西司主事额尔立书

157. 钦命靖逆将军吏部尚书兼总督仓场事务富宁安等山神庙题名碑

山神庙碑记

靖逆将军吏部尚书兼总督仓场事务富公宁安恭奉圣天之命讨贼亡喇布坦侵犯哈密之罪驻兵巴尔库尔秣马厉兵蓄锐以待进取维时天地之气清和咸理水草丰美材木赡用商贾辐辏士马饱腾荒寒冱寒之区气候顿易四时风景宛若春台化日斯皆圣天子仁德广福百神为之效灵也因于山麓葺庙

崇祀用答神庥塞外诸夷瞻斯庙也当必共凛然于天威之气远弗□矣庙侧有天然石一片谨勒以志之领兵之诸公列于左

钦命靖逆将军吏部尚书兼总督仓场事务富宁安　议政大臣散秩大臣袭头等精奇尼哈番阿尔纳……统领京兵副都统世袭三等阿达哈哈番兼佐领事罗英桂　统领左翼察哈尔副都统世袭二等精奇尼哈番智永　统领右翼察哈尔官兵副都统世袭二等阿达哈哈番法脑　西安左翼□□□□□□□阿思哈尼哈番□□□□□　肃州总兵官右都督世袭二等阿达哈哈番杨长泰……

康熙五十八年己亥仲秋吉旦　通商道副使王全臣记　督工潼关副将潘自善

158. 诰封通议大夫□□佐领岳□布墓碑

（碑阳）

诰封通议大夫□□佐领加二级岳□布之墓碑

（碑阴）

康熙六十一年吉日立

159. 皇清原诰授资政大夫参领兼佐领今诰赠光禄大夫理藩院尚书墨德墓碑

（碑阳）

皇清原诰授资政大夫参领兼佐领加一级今诰赠光禄大夫理藩院尚书加一级墨德公碑

（碑阴）

雍正元年

160. 礼部尚书正黄旗凯音布谕祭碑

维雍正二年岁次甲辰闰四月甲戌朔越十七日庚寅皇帝遣经筵讲官礼部左侍郎实录馆副总裁登德谕祭原任礼部尚书正黄旗凯音布之灵曰鞠躬尽瘁臣子之芳踪赐恤报劳国家之盛典凯音布性行纯良才能称职历阶宗伯素著勤劳方冀遐龄忽闻长逝朕用悼焉特颁祭葬以慰幽魂呜呼宠锡重垆庶沐匪躬之报名垂信史聿昭不朽之荣尔如有知尚克歆享

161. 太子太保闽浙总督兼兵部尚书喀尔吉善谕祭碑

维乾隆二十三年岁次戊寅二月丁巳朔越初九日乙丑皇帝遣内阁学士兼礼部侍郎富德谕祭于太子太保闽浙总督兼兵部尚书喀尔吉善之灵曰任专[illegible]钥海邦需节制之才宠锡□□□□□□□□综□□□□□□□成劳□褒恤□□□□□□□尔闽浙□总督喀尔吉善负材干练植品端方家承阀阅之华职思罔懈选列曹司之最掌故娴夙皇考既嘉乃猷为由星署而擢参枢要朕躬复鉴之忱悃更月卿而简畀封疆克著旬宣持节钺者阅五省允□□□闽□□□□奖□□之纯□□□□□傅□□□南省□□觐□惟值倚任之正般旋患伤而增剧遣医赐药存问方行力疾封章沦徂遽告良深轸悼用布苾芬□□□□□□□□□留□□申命□□□□被□□□尔灵有知尚克歆享

乾隆二十四年岁次已卯正月癸未朔越十九日辛丑皇帝遣经筵讲官礼部尚书正红旗汉军都统兼管户部三库事务管理乐部太常寺鸿胪寺五龄安□□□□□□□□□□□□□□□□□□□□□□

□□□□□□□□□□谕祭于原任太子太保闽浙总督兼兵部尚书庄恪喀尔吉善之灵曰简重臣以□化群推练达之材□□□□□□□□□□□□□□□□□□□□□□□□□□□□□□□□□□□功昭于彝鼎爰申嘉荐载沛德音尔闽浙总督喀尔吉善器具恢宏风规端重早承世职□□□□郎□□□□□□□□□□□□□□□□□□□□□□□□□□□□□□□□□□□□委以封疆之寄皇华载莅风清于济北河东幕府遥移泽被乎灊山皖永泊以浙闽要地□□□□□□□□尔□□□□□□□□□□□□□□□□□□□□□□□□□有□□□□□□□□□察吏治采访以达下情溟海波恬村落无犬鸣之警西湖月朗黔黎安耕□之忱朕每届□□□□□□□□□□□□□□□□□□□遘沦徂考□□□□□□□□□□□□□□□□□□□□司□□官於戏宣勤中外者逾三十年褆躬清白者如一日良猷未泯䣳栗主以长新贤行丕昭与□□□

162. 议政大臣吏部尚书马希纳汉文墓碑

（碑阳）

皇清□□□□议政大臣吏部尚书

（碑阴）

雍正三年八月吉旦礼科掌印给事中□□寺赞礼□禄二级曾孙德寿敬制

163. 议政大臣吏部尚书马希纳满文墓碑

（碑文与汉文碑相同）

164. 追封一等侍卫护军统领施更为光禄大夫诰封碑

□□□□□□□一等侍卫护军统领追封光禄大夫施更碑文

皇帝制曰建旌上将著军容之盛治兵振旅重臣策武库之勋用布统兵想扬嘉绩□□尔护军统领护军参领夙昭材猷克奋明止齐而山立旌钺之司整部曲以星罗并作爪牙之士身依日月奉禁族以周旋气振风云衙同出入宜膺异渥以示崇褒兹覃恩追封光禄大夫於戏军威孔肃久推帷幄之功国典欣逢特赍丝纶之锡……

雍正四年□□丙午九月戊戌二十二□□吉日立

165. 雍正帝外祖父卫武之祖父额白根及祖母傅查氏墓碑

外祖卫武祖父母碑文

朕惟恩隆外族必追溯其本源谊笃懿亲宜特崇夫爵命稽世德之竝懋揭幽隧以弥光凡以示宠荣昭典礼也尔额白根矢志朴诚赋资英迈当鸿基之始并翙身际风云追丹禁之久依亲同子姓既抒诚于帷幄亦垂范于家庭尔傅查氏生自名门归于望族珮环雍肃克相夫以树勋蘋藻芬芳复宜家而衍庆历三世而钟坤德合万国以奉母仪眷怀积累之初宜备尊崇之典桓圭锡爵与翚翟而偕隆马鬣培封赍丝纶而益耀芳留琬琰荣及松楸於戏纪勋绩于当年犹想开先之烈播音徽于此日弥征裕后之模于以昭示来兹仪型戚畹不亦休欤

雍正六年

166. 雍正帝外祖父卫武之父额参及母瓜尔佳氏墓碑

外祖卫武父母碑文

朕惟谊笃展亲爰沛天家之泽孝弘锡类用彰戚畹之休矧积庆之绵长必恩纶之光被所以眷旧德示来兹也尔额参性本公诚才称果毅荣膺世职兴朝资翊赞之劳分典戎麾环卫著赳桓之烈允作亲贤之望更垂家室之型尔瓜尔佳氏毓秀高闳作嫔华胄夙昭淑慎协璜瑀之芳仪克懋俭勤修蘋蘩之内职爰发祥于再世遂钟瑞于慈闱上体孝思式颁懋典崇封显秩既锡命以增荣载勒丰碑更宠章之丕焕聿备褒扬之礼庶敦优眷之怀於戏纪旂常之成绩炳耀青编表翟茀之遗芬辉煌彤管用以揭诸幽隧永贲千秋不亦休欤

雍正六年

167. 钦差大臣内务府总管丁皂保奉旨补栽泰山五大夫松树碑

雍正捌年正月内奉旨钦差大人丁皂保栽补五大夫松树五株

168. 钦差大臣内务府总管丁皂保泰山石坊题额

雍正八年岁次庚戌季春穀旦

岱宗坊

奉敕敬□

169. 经筵讲官议政大臣礼部尚书赖都墓碑

（碑阳）

经筵讲官议政大臣礼部尚书赖公之碑

（碑阴）

雍正九年十月吉日　孝子副都统兼右翼步军总尉常载　协理陕西道监察御史伊尔图　誊录官兴德　后补员外郎杨安　太学生裕德敬立

170. 诰授光禄大夫经筵讲官议政大臣礼部尚书赖都碑铭

诰授光禄大夫经筵讲官议政大臣礼部尚书赖公碑铭

武英殿纂修中宪大夫署理都察院左副都御史通政使司右通政事务大理寺少卿仍兼顺天府府丞总稽察工部各司事前通政使司左参议光禄寺少卿巡视西城山东道监察御史工部制造库郎中都水司员外郎屯田司主事湘潭陈树萱撰文　赐进士出身翰林院编修如臯胡香山书丹篆额

公讳都字仲芳长白崔峰人父曰翁什库事太宗皇帝有勋拜爵二等阿达哈哈番世袭称巴图鲁从世祖入关镇守昌平公其次子始以荫入太学康熙庚戌筮任吏部七品笔帖式迁太常寺赞礼郎丁卯以荐陟刑部员外郎阅六载□慎刑司于时公卿已皆注目乙亥以监察御史为鹾使河东时奸商昂盐价市居奇民且食淡因拥噪吏不能察将加辜于民民忿益张皆甲城闭公独随数役辟门众骇不可公曰吾实主之无与若出谕民曰汝等为此孰仇曰仇商公曰城非商城也□□至圣何负于汝民亟解去当与汝惩

其商奸否则戮矣民呼曰所以为此缘商蠹无从告语耳如公谕得死且□遂欢散逮归朝万民献一衣攀辕依依若失父母寻复奉命催漕漕船前此不知何旹滞回冻于途由是益后至渐至迟一岁运漕使者颾颏鞭乎络绎于道终不能冻前还圣祖闻之曰是果无术耶以命公公与漕弁计曰一岁惰而遗岁岁劳前此之失也合并力一岁则岁岁逸何惮而不为然尔非不力也九日力不能不一日惰铢积而钧寸累而丈得与失正等耳因悉谕诸运丁皆悟公乃董行遂复常度廊庙益贤辛已迁内阁学士兼礼部侍郎明年授经筵讲官户部右侍郎兼理钱法御书清慎勤额及诗以赐乙酉命副镶蓝旗都统兼理总公库甲午晋刑部尚书议政大臣又七年转礼部赐扇砚及古文渊鉴五经诸书公为司寇杀无不辜矜无不赦所全活无筭而莫知为某事某人也曰其事则应尔已矣吾何与焉曰予功独不可愧乎然而人罔不叹其为君子矣为讲官引义恺切圣祖为之动容赐坐曰民日迁善而不知为之者不于是可见乎遂命讲迁善之言辞益畅而意益广闻者竦然先是公为御史时奉使巡视海疆于粤东暑奇酷舆者喘汗不数里而仆者十三四然贵官体不癈舆且非舆实焰烈不能胜公独曰病人以宁予何忍也立辍舆以骑进众官悉骑为礼部之明年降尚书级五调他官未任今上御极之二年诏复原官赐貂帽石槅御书及大福字兼命都统满洲镶蓝旗转镶红旗汉军都统尚书议政如故雍正五年予告家居公性孝友其事母夫人也婉容愉色朝夕左右寝处不远闱闼年六十母夫人坚命就外卧始勉从母夫人年九十时恭逢圣祖六十万寿公奉母夫人拜祝驾前温旨重劳问手赐桃及御书寿□余庆四字召母夫人至西苑赐坐赐食宠锡优渥时无与伦厥后母夫人每躬请圣安入宫赐益厚及群臣修万寿盛典绘图公及母夫人在焉遂倩工临以传示子孙视诸兄弟同一已至老不祈箸及子姓繁多屋充仞无居室乃使异舍视诸从子与子无纤歧族之昏丧贫者悉藉公七年二月初四日卒年七十八五月归葬于京西成子山子男五人长常载前镶蓝旗满洲副都统兼右翼步军总尉次伊尔图监察御史次兴德与缮圣祖实录次杨安需次员外郎次裕德太学生公生平厚重缄默不矜能不委难有义无我有实无名布惠流慈有有余无不足不怠冥冥不为昭昭所事事虽子若侄未尝概悉偶执友以所见告乃始一一知公之不自著其善也如此雍正九年萱蒙恩摄副都御史而公次子在台省因稍得闻公立朝大节虽万一深向往焉故不揣固陋而属文以碑于公墓词曰德无不显功无不庸必显非德必庸非功衔玉多求而瑕不掩埋剑不售而气成虹惟公不德德萃于躬惟公耻功功罔与同相彼流泉东壅西注实大华微眷彼嘉树公后其昌弗簇而著圣世万年公克永誉

171. 议政大臣户部尚书加赠太子少保德明墓碑

原任议政大臣户部尚书加二级纪录五次加赠太子少保谥端勤德明碑文

朕惟国家倚任良臣典司邦赋其有生时宣力克殚其忠勤则殁后酬庸必加之恩恤凡以昭国典励官方也尔德明才猷练达品望老成持躬秉翼翼之小心立朝表温温之雅度洊更郎署历试外台旬宣著绩于封疆爵赏爰升于喉舌三年司寇无忝祥刑两载地官克遵成宪方励靖共之节遽闻疢疾之婴念尔凋零良为轸悼峻秩既加夫宫保殊荣更锡以嘉名呜呼龙章式贲松楸增剑履之光马鬣常存纶綍焕泉垆之色丰碑既勒令闻永彰

雍正十年六月二十九日

172. 奉政大夫拖沙喇哈番拖尔哈谕祭碑

大清国盛京奉天府复州城正蓝旗领催委苏拉章京给拖沙喇哈番奉政大夫拖尔哈为阵亡事钦

奉皇帝谕祭立牌以慰灵曰自尧舜以及清室皆倚良臣国出忠良外邦惊惧家产强儿邻佑钦服此自然之理也今复州乃渤海边方穹远僻壤之乡而出忠勇御敌冲锋奋勇阵殁捐躯报国实乃可嘉虽蛮陌之邦闻之战栗而单于视之无不惊惧矣朕□悼焉特颁祭葬以□幽魂以竞碑志

皇清雍正十二年九月初七日穀旦立

173. 重建雍正十三年兵部尚书通智增修土默特文庙官学碑

盖闻学通万里之谓儒纲维世范道贯百王之谓圣表率群伦以故千秋景庙貌之巍峨万世竞美墙之崔焕扶舆宇宙恒辉惟兹遥外未设黉宫自我太祖太宗定鼎以来海宇清奠万国咸宁而归化一城仍朔漠咽喉全晋保障都统丹讳津为是域世家军民感戴捐建生祠丹公奏请改为文庙其殿宇垣墉虽未尽合宜而其重道尊儒之念育文教士之诚有可睹焉雍正甲寅冬兵部尚书通讳智奉命来整斯土经营一载政通人和于明年乙卯秋奏请皇上动用帑金并诸公捐赀凡庙内不合式者移改之缺略者增补之由殿宇而门庑□池皆巍峨壮兴美奂美轮犭嵘嵫初始建肯塗□艧彰藻绘于特新更请圣祖仁皇帝御书万世师表四字匾额皇帝御书生民未有四字匾额谨镌仰悬更添宫墙之色永垂万代之辉于宫两陲增造学房数间箭道一围拔俊秀生童能读者训教清字蒙古□堪射者指导马步弓箭艺奏准九品笔奇格齐七缺以开进身之阶整顿祭器增制帷幄谨选敏秀之员俾礼习赞以司祭祀择勤慎之士居望榜以肄洒扫清尘庙之周围官地房屋五十余间招良商以居之城东北隅坛□官地水田百亩□募老农而种之所得房租田租奏明永资学宫师生之费此皆仰副圣天子佑文重武之德更为国家诱人归善之道矣恐久湮没书勒于石永垂不朽

雍正十三年岁在乙卯孟秋吉日（公元二〇一四年土默特学校据文献载录重刻　云生华书丹）

174. 山东巡抚法敏泰山摩崖石刻

乾隆四年三月之吉

维天东柱

山东巡抚松花江法敏题并书

175. 户部尚书徐元梦墓碑

朕惟朝宁推恩之典每眷老臣国家褒德之文尤隆旧学其有勋劳懋著经行可风则眷想遗徽而益加渥泽尔徐元梦学有本原品标方正巍科早擢回翔著作之林令誉纷弛弁冕文儒之选直禁廷而讲读长怀辅德之衷敭历而清勤弥著服官之绩外麾旄钺廉平风纪之思内赞枢机弼亮寅清之寄侍从五十余载谨慎宅心仕官六十八年忠勤励志尚书喉舌之府地望优崇宫衔师傅之班职司曹重成劳可念膺显秩于生前恤典频颁赍殊荣于身后谥之文定表厥生平於戏纶綍再宣贞石焕龙章之采哀荣勿替幽堂瞻马鬣之封勖而后人敬承休命

乾隆六年　月　日

176. 定边右副将军内大臣总管军营东三省兵丁统领调遣满洲蒙古兵丁镇守黑龙江等处将军塔尔岱诰命碑

乾隆七年岁次壬戌五月二日　定边右副将军内大臣总管军营东三省兵丁统领调遣满洲蒙古兵丁镇（守）黑龙江等处将军臣塔尔岱敬立。

177. 管理广宁等处城守尉三官保等万寿寺禅林比邱坛传演毗尼记题名碑

（碑阳）

万寿寺禅林比邱坛传演毗尼碑记

如来所说俯恢六度世人善反莫非觉岸津梁况皈沙门灭贼通昧即是波罗密多自澄什踵起林远分宗师范道立而衲子浔入修行之门如是所说但象教常悬信耳者象僧性宝甚悯之头立□邱坛集诸僧受戒惧以北镇尊神殿宇历代祠祀洎我朝屡加增修栋楹丹碧不敢冒渎爰叩请礼部长官允可于五月望日起坛延附法僧际海为师范其阿阇黎及黄引礼各有司俱藉神厨胥安遂毕坛于八月朔焉僧思人诚善反登彼道坼倚独比邱而凋迹空□尚多不□□以愿诸僧咸持十式不致下堕尘纲也且恐后有修法者莫知所从因勒石以记之住持僧性宝和南谨记

大清乾隆十一年岁在丙寅八月谷旦立

署理奉天锦州府知府义州管造同知岳海　奉天承德县知县黄开泰　管理广宁等属城守尉三官保并领催兵等　管理熊岳等属城守尉马奇　盖州掌印防守尉稚桑□　奉天锦州府广宁县知县翟廷杰　正白旗左领巴里赛　现任江南庐州府庐江县知县本邑举人张之蔚　奉天锦州府广宁县儒学训导牛尚信　原任正定府乐城县儒学训导本邑贡生胡琦　现任顺天府平谷县儒学训导本邑贡生张全

（碑阴略）

178. 知泰安府事萨槎泰山摩崖石刻

乾隆戊辰年仲冬

与国咸宁

知泰安府事长白萨槎题

179. 太子太保大学士一等忠勇公傅恒家族宗祠碑

乾隆十四年三月初七日内阁奉上谕人子报本之忱必念尔祖国家酬庸之典爰及所生大学士公傅恒夙夜宣猷襄赞机务前因金川番蛮不靖丹诚奋发自请督师维时朕以其世笃忠贞服劳王家钟庆椒涂联辉懿戚悉由乃祖乃父积厚流光诞兹良弼陛辞之际朕欲加恩赐立祠堂秩于祀典大学士公傅恒奏称臣仰蒙高厚荣贲先人实出至愿如果凭仗天威肃清荒徼凯旋之日拟当恳请殊恩今威信远孚番酋效顺肤功克奏美著旂常宜考彝章以示优赐其照勋臣额宜都佟国维之例敕建宗祠春秋致祭增光俎豆用奖忠勋著该部即遵谕详议具奏钦此经礼部议称赐类以展殊勋彝章聿著推恩而颁特典秩祀增荣兹者太保大学士一等忠勇公傅恒禀承圣谟敉宁边徼皇上嘉乃丕绩恩其所生念其祖考忠贞

衍庆令臣等详议祀典敕建宗祠臣等查得大学士公傅恒曾祖哈什屯祖米思汉父李荣保前蒙特恩均追封公爵妻俱封为公妻一品夫人应请照例建立正祠三间各设暖阁按昭穆安设神主大门三间东西两庑各三间一为宰牲及供办祭品之处一备守户居住每岁春秋遣太常寺堂官读文致祭祭祀牲果酒帛等项交太常寺备办盖造祠堂暨一切祭祀应用器皿交工部造办牌位匾额及祭文具交该衙门撰拟祠宇落成翰林院撰祭文太常寺备祭品奏遣大臣读文致祭一次如此则堂宇轮奂祭祀适时允足以示隆恩而昭懿典矣于乾隆十四年三月二十四日题准又于四月初十日工部奏办建立宗祠房间工料奉旨正祠著盖五间钦此

180. 一等阿思哈尼哈番太子太保议政大臣傅恒曾祖哈什屯墓碑

……哈番太子太保加一级议政大臣谥恪僖哈什屯碑文

……以劝有功昭示后世用传不朽所以励忠盖甚备也尔哈什屯赋性……厥职宣力累朝勤劳素著方冀遐令忽焉长逝朕甚悼焉特赐谥曰……臣谊庶其昭垂毋斁哉

181. 都统驻藏大臣傅恒弟傅清左都御史拉布敦双忠祠碑

重修双忠祠碑记

双忠祠在前藏大招东北向为驻藏大臣行署朱尔墨特那木札尔之难驻藏大臣傅公拉公死焉署亦毁于火番民感二公之忠烈因其旧址请立祠肖像以祀盖以二公之大有造于卫藏也傅公讳清为福康安父乾隆十五年公以都统奉命驻藏左都御史拉布敦副之时朱尔墨特那木札尔袭其父颇罗鼐郡王封专藏事多不法稍裁抑之横如故公廉其叛逆有迹密疏请便宜从事以绝后患奏入上以公孤悬绝域未可轻举命都统班第代拉公将明正其罪以申国法旨未至反谋益亟广布私人凡驻藏大臣一举动辄侦逻之禁邮递不得通潜结准噶尔为外援藏中有异己者将尽诛之势且延及达赖喇嘛为雄长一方之计公如坐待其变事发而公必死诱而诛之其羽翼已成众寡不敌而公亦死均之死也毋宁变速而祸小遂与拉公定密计以十月十三日告其党罗卜藏达什曰召藏王来有旨令议事朱尔默特那木札尔以公势孤闻召不之疑亦不设备公与拉公登楼待之止其众于楼下随上者四五人公见之颜色不动如平时引入卧室门阖急挚襟底预藏前藏王颇罗鼐所献之顺刀连砍之中项而仆从者竞前以棒击其首立毙罗卜臧达什在门外闻格斗声知祸发抉窗跳越告其婿第巴喇布坦等号召贼众须臾群至枪炮竞发环攻之墙高而固不能入贼乃积薪楼下烈焰四起楼焚贼遂攀援而登公手刃数贼身被三伤力竭自刎以殉拉公亦中创死吁烈矣哉夫卫藏距京师万有余里公镇其地戍兵寡弱外不足以制其力内不足以夺其权使朱尔默特那木札尔竟举兵反番民性怯懦势必举而从之以向隶版籍之地一旦陷贼即使以身殉事已无及劳师縻饷致贻圣主西顾优畴职是土顾可以一死委其责耶公独奋不顾身毅然定大计乘其未发诱而诛之余党虽扰攘而渠魁已歼贻如瓦解冰泮无能为难不旋踵而就缚尽伏厥辜公虽死而全藏以安国威以振是非傅介子之诱斩楼兰所可同日而语也事定班公及四川总督公策楞至藏列二公死事状上闻天子震悼下诏哀嘉谥以襄烈与拉公俱赠一等伯入贤良祠昭忠祠復敕建双忠祠每春秋二时特遣大臣致祭子孙以一等子爵世袭罔替恤忠录庸延及苗裔呜呼公之心其可慰矣康安以五十六年奉命督师进剿廓尔喀来藏谒双忠祠瞻拜遗像距公殉节时盖四十余年矣藏番追念两公遗泽岁时奔走香火不绝至今有能道当时遗事者惟碑碣缺如堂庑垣墉间有倾圮爰于班师之日葺而新

之且恐岁久遗迹或湮敬书其事以示后人其时同殉者为主事策答尔参将黄元龙并为位于庑以配食传云能捍大患则祀之如公者番民虽百世祀可也

182. 太子太保兵部尚书和硕额驸一等忠勇公傅恒次子福隆安墓碑

太子太保兵部尚书和硕额驸一等忠勇公福隆安碑文

朕惟礼崇驭贵必资干济之材典茂酬庸尤笃勋贤之彦溯承恩于鲁馆克树风标绍遗泽于传岩宜光册府丹纶特贲翠琬深镌尔太子太保兵部尚书和硕额驸一等忠勇公福隆安秉性醇良储材练达勋门戚里载分秾李之荣宿卫銮仪克荷宸枫之眷视大官之珍膳典上苑之戎机九法专持六工并领周垆司警期辇毂之风清藩院兼稽识车书之日会圭符袭爵枢禁襄劳既综府司并咨旗务秘阁资其提举史馆畀以总裁嘉宣力于机庭宫衔特晋庆成功于蛮徼阁绘高悬正倚畀之维殷乃沈疴之屡染赐医赐药曲予调和经月经旬宽其休假属星邮之告剧值春跸之展巡敕嗣子以遄归怆遗章之遽达颁帑金而襄事命皇子以奠觞尽涤纤瑕倍申渥眷彝章备考祭葬从优名行相符简编待纪谥为勤恪言象生平呜呼廿七年左右趋承虚傃功臣紫阁册二载去来倏忽难延都尉青春规画俾娴忆赞尔时之像馨香垂誉感题此日之碑示尔后昆永昭显命

乾隆四十有九年岁次甲辰十二月　日

183. 盛京兵部侍郎福隆安子丰绅济伦汉文墓碑

盛京兵部侍郎一等忠勇公丰伸济伦碑文

干贞济美上公增戚里之荣黼黻贻庥隆礼笃世臣之惠昔日班崇青琐宠沐龙章此时典恤素车封瞻马鬣既陈雕俎聿建丰碑尔丰伸济伦誉表壬林秀钟甲含早依光于殿陛豹尾随趋洊领职于旗营象胥分掌溯前勋而桓圭显爵备宿卫而贝胄宣劳调骓骍骓骆之司兼醯醢菹虀之掌朕式嘉伟器追念勋门擢司马之贰卿五戒训士畀祝鸠之分职九式懋官襄内府而辖林丞跻统军而平榷政骈乘紫禁恩昭锡赉之蕃麾拥黄舆任典銮仪之重惟尚书为天喉舌亦常伯作朕股肱乃因小过之簿惩仍列崇阶于散秩旋膺虎节作镇马兰爰习艺于陪京更升华于武库方谓瑕瑜不揜重拭虹光何图耆艾难臻遽驰电影嘉兹恭恪用勒贞珉於戏鹤表常存宰树焕松楸之色鸿文永贲褒纶垂彝鼎之光勖而后人承兹庥命

嘉庆十二年二月

184. 盛京兵部侍郎福隆安子丰绅济伦满文墓碑

（碑文与汉文碑相同）

185. 御前大臣领侍卫内大臣太子太保武英殿大学士吏部尚书兼兵部尚书一等嘉勇公大将军傅恒第三子福康安撰磨盘山新建关帝庙记碑

磨盘山新建关帝庙碑

乾隆五十有六年秋廓尔喀自作不靖侵凌藏界并抢掠札什伦布庙皇帝赫然震怒谓卫藏自策零敦多布殄灭后隶职方者百有余年使靳征调之烦从移位班禅达赖之议其济咙聂拉木等地势将尽委

之贼此后受戕者当不止前后卫藏矣特赍纶意命福康安为大将军一等公海兰察四川总督惠龄甫为参赞大臣统领劲兵大强挞伐大司空和琳飞刍挽粟专司策应为后路声援大学士孙士毅复自昌都驰赴西招协理军储于五十七年夏由宗喀济咙整旅遄进先是驻军前藏征兵筹饷谒札什城关帝庙见其堂皇渊隘不可以瞻礼顷神御灾捍患所以佑我朝者屡著其孚格于是度地磨盘山鸠工庀材命所司董其役默祷启行荐临贼境七战皆捷距阳布数十里廓酋震詟军威乞降至再皇帝鉴其诚款体上帝好生之德准纳表贡诏令班师并御制十全记颁示臣下予惟此视师自进兵以来山溪险劣瘴雾毒淫竟获如坦不三月而蕆绩自非神佑不至此凯旋之日庙适落成与诸公殿瞻仰殿庑徘徊俎豆滓感大功带竣维神之力而益欣继自今前后卫藏永永无虞也是为记

时乾隆五十七年榖旦

御前大臣领侍卫内大臣太子太保武英殿大学士吏部尚书兼兵部尚书一等嘉勇公大将军福康安谨撰

监修同知李经文　乾隆五十八年

186. 都统品级办理正白旗护军统领事务哈岱谕祭碑

皇帝谕祭病故都统品级办理正白旗护军统领事务镶黄旗满洲哈岱之灵曰鞠躬尽瘁臣子之芳踪恤死报勤国家之盛典尔哈岱性行纯良才能称职方冀遐龄忽闻长逝朕用悼焉特颁祭葬以慰幽魂呜呼宠锡重垆庶沐匪躬之报名垂信史聿昭不朽之荣尔如有知尚克歆享

乾隆十四年岁次乙巳十月初九日立

187. 封都统品级办理正白旗护军统领事务兼佐领哈岱为光禄大夫妻卢氏为一品夫人诰封碑

（碑阳）

奉天承运皇帝制曰建旐设旄上将著军容之盛治兵振旅重臣策武库之勋用布纶章懋扬嘉绩尔都统品职办理护军统领事务兼佐领加三级记录四次哈岱果毅夙昭材猷克奋明止齐而山立俨然旌钺之司整部曲以星罗并作爪牙之士身依日月奉禁旅以周旋气振风云卫周庐而出入宜膺异渥以示崇褒兹以覃恩封尔为光禄大夫於戏军威孔肃久推帷幄之功国典欣逢特贲丝纶之锡钦兹休命益劭良谟

制曰树威望于朝家固赖干城之佐采休声于房闺尤须女士之贤特焕纶音用昭恩眷尔都统品职办理护军统领事务兼佐领哈岱之妻卢氏敬以持身勤能主馈风规雍肃曾无逾捆之言宵旦箴规特勖从王之义庆流策府宠溢深闺兹以覃恩封尔为一品夫人於戏鱼轩藻丽识内助之贤明鸾诰辉光荷天恩之汪濊承兹显命毋替素

（碑阴）

乾隆十四年岁次己巳十月初九日立

188. 直隶总督那苏图墓碑

原任直隶总督那苏图碑文

抒诚宣力缅怀屏翰之勋赐恤酬庸备举哀荣之典式稽彝宪用锡鸿称尔原任直隶总督那苏图禀性朴诚赋才优裕承恩世职列卫内廷戎阃扬威早著干城之望秋官执法聿彰明允之声纶綍频宣荷封

疆之重寄节麾屡畀具经纬以咸宜两江三楚之区风清日燠百粤八闽之域吏畏民怀洎总制邦畿益励公忠而奉国更兼司河务尤摅恪慎以集功锡官衔而秩亚公孤领羽卫而职亲左右乃勤劳之日积遽疢疾之弗瘳眷念勋猷良深哀轸布芳筵而设奠进宫傅以增荣饰终之礼有加颁帑金而营葬垂后之恩宜渥核素行以易名谥曰悫勤当以彰皦历於戏骏烈长流于奕世钟鼎生辉龙光永贲于丰碑松楸焕彩勖尔有后昭示来兹

乾隆十四年十二月十九日

189. 直隶总督那苏图谕祭碑

（碑已库存，无法抄录）

190. 太子太保总督川陕等处地方军务兼理粮饷兼都察院右都御史尹继善等北镇万寿寺香灯记题名碑

（碑阳）

北镇万寿寺香灯碑记

梵堂有不灭之辉日长明公贝叶衍禅关之秘日传灯录盖法力无疆原无取于爝火而神光普照亦不废乎松膏玉盏明而人人思登觉路金炉热而在在想渡迷津是以官绅商贾志发虔诚刀布金钱咸资盛举伫见琉璃肆映灯光与满月齐辉宝鼎常烯香烟绕青霄现篆庶使晨钟暮鼓借此以警人寰宝忏金经目之以唤客梦初地成极乐之国浮翠千重殿宇为不夜之天光明万寿

太子太保总督川陕等处地方军务兼理粮饷兼都察院右都御史加三级尹继善　刑部员外郎观音保　开原城守尉巴里赛　广宁防守尉永暖　文林郎知广宁县事加八级纪录三次翟廷杰　管理广宁旗仓事务监督宝绶　赐同进士出身文林郎任奉天锦州府儒学教授署广宁县训导加一级蔡焊　中宪大夫广宁佐领刘四　七十六　奉政大夫广宁防御吴联成　何书　工部笔帖式关保　骁骑校付拉吽　觉和　阿母呼朗　拜色　柯提混　詹民太　花色　窝娄　佐理广宁县尉加一级郑纶锡　候选州同王良弼　内管领王守德　苏登科　王怀元　萧钟灵　郭文登　太学生王宠　李俊发　夏时寅　李如葱　马士智　李培基　生员任克明　刘朝良

乾隆拾陆年岁次辛未仲秋月穀旦立　住持僧了然　海清　性恺　石工齐圣

（碑阴题名略）

191. 乾隆帝赐两江总督尹继善御笔碑

巡抚江宁等处地方总理粮储提督军务兵部右侍郎兼都察院右副都御史加五级尹继善谨题为圣治渐摩民风敦厚恭请旌奖事仰惟我皇上至德覃敷声教洋溢所以正人心善风俗者无微不周无远弗界迩年来万邦协和四方从欲山陬海澨咸讲让而兴廉村妇耕夫俱向风而徧德兹有苏州府元和县候选知州范瑶者和睦宗族乐善好施捐田千亩收租赡养臣伏……宗族以昭雍睦……义田以赡贫乏而范瑶睦姻任恤自甘淡泊以万金之良田为合族之公产据范姓合族公恳饬县推收存案具呈前来臣确查无异似此善事洵足维……应具……复施行谨具奏……五月初四日题本月二十六日奉……（范）瑶以万金之良田为族中之公产敦族睦亲甚属可嘉应加旌奖以示鼓励着该部察例具奏……

殿大学士兼礼部尚书翰林院掌院学士臣张廷玉谨……淳恭请……事奉……该臣等议得食德饮和之俦以祇承……巡抚尹继善奏称苏州府元和县候选知州范瑶以万金之良田为合族之公产似此善事洵足维风钦奉……郎汪乪鲸囯浙江修塘建庙捐助银两经臣部议叙以应升之职授为郎中奉……知州应升之职授为员外郎恭候……

192. 巡抚江宁等处地方总理粮储提督军务兵部右侍郎兼都察院右副都御史尹继善题奏碑

惠洽两江

御题（乾隆印章）

193. 漕运总督瑚宝墓碑

原任漕运总督瑚宝碑文

朕惟宣力服劳允资笃棐之佐酬庸录旧爰颁纶綍之荣绩既懋于忠勤恩宜隆于琬琰尔原任漕运总督瑚宝□□素□扬历有年陛栖趋班夙备期门之选干诚简任出膺专阃之司由□右而莅秦中并著功于□练驻皋兰而移湘汉复奏效于旬宣乃以稔秸之输将特重江淮之转运俾膺旌节实藉简稽嘉清操之可风知持筹之匆爽何期奄化弥切怆怀考成宪而易名称恭恪而无忝呜呼指星轺于千里尚思掌庾之勋表丰碣于九原用贲饰终之典庶承宠□永示后昆

乾隆二十一年闰九月初九日

194. 管理义州处城守尉通议大夫雅都等重修义州奉国寺碑

（碑阳）

大清重修义州奉国寺碑记

自金人梦卜于汉庭而浮屠遂徧于华夏涅盘彼岸厥惟幻哉六通三缘抑又窔矣惟青莲三十二相方士诵传面壁四十九年儒者借口他如诸缘外息隐类存遏之旨六道轮回仿佛彰瘅之宗以故兴于汉盛于唐崇于梁隋代代未艾也兹者义城东街奉国寺相传创于辽之开泰九年殿宇轮焕翚飞焕彩屋角峻岩粉垩凝霞第多历年所时或倾颓至本朝屡有葺补俱勒金石沿及近今又见摧败达官长者因倾破悭之囊善士信商咸种净土之果募缘中外协力捐赀十六年而鸠工至廿年而告竣倾者整之废者修之缺者补之旧者新之倏尔兴举焕然旧观此虽助无为之教而寔边城之一壮观也执事者因而索文于余以示不朽余几为诿谢几为踌躕欲文苦海甚难置喙因伏而思日渡杯江上曾开南国之宗飞锡锋头尚启东林之寺矧兹招提系称古刹庙际市廛更足崇观果其栋宇能巍焕安见百鸟不啣花幸得革故而鼎新要非绣苔以成画一木一椽亦藉檀那之力寸甍寸瓦无非长者之金释云因心以种果吾谓即福以为田虽其一意之善堪偿七满之缘世人妄谈慧剑吾亦暂坐慈室遂濡笔而为之书云

管理义州处城守尉通议大夫纪录八次雅都

诰授奉直大夫知奉天锦州府义州事前内阁中书兼红本事加四级纪录一次德明

奉天锦州府锦县学廪膳生员陆悼谨撰并书

时乾隆二十一年岁次丙子孟春月吉日立石　石工陈琦

（碑阴题名略）

195. 钦差致祭官礼部左侍郎正红旗满洲副都统介福致祭碑

（碑阳）

维乾隆二十二年岁次丁丑正月朔越二十五日

钦差致祭官礼部左侍郎介福致祭于东岳岱宗之神曰惟神造化钟灵奎娄应象览众山而莫并气盖坤维冠五岳称尊位符震始风云吐纳崇朝彰布濩之功神秀氤氲汇荷育成之德朕省方难土驻跸东邦挹瑞霭于天门鲁登峻极望祥光于日观式赖洪庥用遣专官载申秩祭神其来格尚克歆承

（碑阴）

经筵日讲官起居注礼部左侍郎兼管翰林院掌院事仍管内阁学士事正红旗满洲副都统加三级介福　陪祭官分守济东泰武兼管水利通省驿传道加一级记录四次朱若东　执事官泰安府教授□均　泰安县训导李都　莱芜县训导房东第　泰安府司狱万斯年

196. 资政大夫镇守奉天锦州等处地方副都统德录等重修温泉寺记碑

（碑阳）

重脩温泉寺碑记

盖闻佛慈广大百世仰宗范之恩神威赫奕千秋肃毖祀之瞻道识六如心空三昧鹤林隐踪闭门即是净土俱我佛之慈悲洪深与民同其苦乐者也兹者沈郡东南百八十里沟儿汤温泉寺存焉前有太水清波环绕后有层峦耸翠照临左右诸岭寔为壮固东山之第一胜境也不意去岁祝融不道肆一时之恶风伯无知逞三昧之威遂使巍峨丛林半为断木□□□□郡邑宦士大夫游憩林臯疗疾治病者回想昔日之盛无不兴今昔之感宛然矣然沧桑倏忽有昔必今又安知今日之萧条□不可复昔日之金碧庄严乎况夫都统台镇诸司大夫抚绥振肃风清雨润太平有象治化攸隆咸兴乐利之思投袂而□欲塑□□□重奂顿复其珠宫绀殿之不日而果工程告竣佛殿三间天王殿三间东西两廊山门群房汤房三官□□庙所□各□□□□庶乎维摩月殿群瞻贝叶千寻迦叶云厨行睹莲花十丈何莫非我佛功德之所感也窃思一椽一木悉系贵官之金片瓦片石无非众善之助若不刊刻志功恐使捐赀者湮沒无闻□传来好□之心于是鸠工镌石勒诸贞铭存诸后世永垂悠久以志不朽云尔余不自揣固陋故援笔而为之记

资政大夫镇守奉天锦州等处地方副都统加九级纪录四十次　德录

本寺修工僧朗和　　本寺僧朗仕　朗成　住持僧灯月　灯玉　灯修　灯吉　世祯　世贵　世祥　世元　世祯　莱州府琢匠刘凤来

龙飞大清乾隆岁次丁丑孟夏穀旦立

（碑阴）

施财功德主列名于后

宣武大夫防御加三级纪录九次吴绩谟　奉直大夫知奉天府辽阳州正堂保宁　奉直大夫原任辽阳州正堂加三级倪万斌　奉天府承德咸正堂加十五级纪录六次黄开泰　署辽阳州正堂事加一级纪录五次喻尧章　协理辽阳州旗仓副监督加一级吕端戢　皇寺坐楼张大喇嘛　御花园大喇嘛　辽阳州吏目周绍炳　候选州同佟尧臣　候选千总吴瑛　国学监生达色

众善人等（略）

197. 经筵讲官太子太保议政大臣协办大学士事务礼部尚书仍管太常寺鸿胪寺事世管佐领三泰墓碑

(碑阳)

经筵讲官太子太保议政大臣协办大学士事务礼部尚书仍管太常寺鸿胪寺事世管佐领加二级谥文恭三泰碑文

朕惟猷分典礼著硕望于岩廊念轸前劳播芳声于简册沐宠光于身后琬琰宜镌奖成绩于生前丝纶载贲以风有位用示□□□□□□仕太子太保礼部尚书三泰端肃禔躬雍容奉□纶扉协赞参揆席以趋承邦礼攸司□秩宗而恭壼周旋罔失胪宣既日倚乎□□仪度无愆太常□□综乎典物朕以先朝之耆硕俾称诸曹尔能敬事以在公□勤厥职□崇中禁娴翔步者数十年位长南宫谨威仪者如一日申禋荐享能修相礼之容委佩垂绅尚想立□之概属有引年之请予晋崇阶遂□优老之恩光荣暮□□□□□□□乃遽溘□乎□闻已锡奠于雕筵复勒名于贞石文恭予谥象厥生平於戏□□云谢缅风度以如存优典重申□泉垆而增宠贻尔孙子勿替钦承

光禄寺卿前翰林学士励宗万敬书

大清乾隆二十四年六月十八日

(碑阴)

大清乾隆四年十二月初十日

麟图鹤算

钦赐经筵讲官议政大臣协办大学士事务礼部尚书仍管太常寺鸿胪寺事世管佐领加二级谥文恭三泰

198. 特授奉政大夫知辽阳州事明德重修玉皇庙题名碑

(碑阳)

重修玉皇庙碑记

辽阳城之南旧有演武场址基耸高地踞形势国朝鼎兴神明梦通爰就其地建玉皇大殿五楹龙虎殿三间规模闳敞气象峥嵘洵堪为玉皇尊无二上之灵所式凭哉嗣于康熙三十年重修勒珉志盛固与创建胜概后先映辉也第越至于今历年久远虽栋宇森立而瓦砾凋伤剥蚀渗浸不蔽风雨欲不补修可乎羽士曹君贵等目击心惊募化众善鸠工庀材补葺残缺凡以祈永妥神灵于不朽耳且龙虎殿左右建有正房三间以栖居守不惟东西配合不均兼觉尊卑并列不安因同众公议改为厢廊于西以避大殿南面之尊庶稍微合于义欤嗟夫藐兹小补何加大观仅勉承前休以俟后之有志于光而大之云是为记

特授奉政大夫知辽阳州事军功加一级又加六级记录十六次明德　东京辽阳城守尉兼骑都尉加十级纪录二次和清　正白旗佐领牛录章京加一级纪录二次七十五　正白旗佐领牛录章京巴雅力　厢红旗防御品级章京加一级纪录二次吴吉英　正白旗防御品级章京加二级纪录二次常典　正黄旗防御品级章京军功二次加一级记录三次保□　辽阳州儒学生员赵显□

石匠张□□

时乾隆二十七年壬午四月乙巳谷旦立

（碑阴略）

199. 将军明瑞建祠碑

原任将军公明瑞建祠碑文

朕惟荩臣授命书竹册以扬名懋典褒忠饰丹楹而举祀惟驰驱之共励斯义烈之常新载妥崇祠并垂贞石尔云贵总督将军兵部尚书一等诚嘉毅勇公明瑞誉隆门胄望著岩廊玉塞从戎早炳云台之图画金符出镇久扬月窟之旌麾属因炎海之鲸波俾司总制爰及期门之虎旅分统戎行城指三江兵分两路自悬军而罙（深）入每陷陈以先登蓐食方传绝嶂则垒摧十六衔枚并进横桥则兵渡三千已成破竹之形舆图在掌更作因粮之计胆略从心而乃中军独效长驱别队不闻后继天戈决荡仍整旅而孤行地络阴森遂全师而独殿毒锋屡及竟至捐躯急递俄传良深扼腕既易名以表烈复裕后以延庥考制而立专祠推恩而及同难尔都统札拉丰阿护军统领观音保总兵李全王玉廷或以将门宿卫志切同仇或以专阃分裨心期共命率虎罴而奋武冒矢石以抒忠义不独生礼宜配食呜呼璇题璀璨长回日月之辉雕琰嵯峨永壮风云之气灵其式鉴尚维永钦

乾隆三十三年五月初八日

200. 云南楚姚镇总兵官国柱谕祭碑

皇帝谕祭病故原任云南楚姚镇总兵官国柱之灵曰鞠躬尽瘁臣子之芳踪赐恤报勤国家之盛典尔国柱性行纯良才能称职方冀遐龄忽闻长逝朕用悼焉特颁祭葬以慰幽魂呜呼宠锡重垆庶沐匪躬之报名垂信史聿昭不朽之荣尔如有知尚克歆享

乾隆三十三年四月二十日

201. 诰授光禄大夫经筵讲官吏部左侍郎正黄旗汉军副都统总管内务府大臣兼管国子监事务吉林德保撰并书潭柘岫云寺募置香火田碑

潭柘岫云寺募置香火田碑记

大雄氏之教与其所以为养儒者辞而辟之以谓背弃人事自遁于虚无寂灭之旨而不知返至其众生广会方丈以为座梵夹以为经犹之学舍之有讲堂书院之有山长群萃博习相观而善然非资之以衣食之源则修业必不坚而其绪或不久而替盖得养而后教可行虽释氏有不能外此者矣国家理大物博都城百里间名蓝想望而宛平西山有寺曰岫云从罗睺岭而下二十里始达山翠四罨孤磬忽落林栖之始在晋曰嘉福唐改龙泉游人直谓之潭柘潭先柘柘先寺今枯株履以亭者灵祀既多人天宗仰四方之打包持盂至者充溢选场粥版每虞不继寺僧来琳受戒时若持宏愿思所以振之自雍正八年至乾隆三十年置民田及民自舍田旗人自舍田共一百五十顷而旗田不得与民授受每四十二亩为一绳六亩为晌其间间有隐占丈量点对文令日严所舍田又散处各州县畸零窎远科勘不易琳请于户部以例免予丈量下宛平县核按田数永作寺产有私相售者罪之爰伐石树碑而乞余记其颠末忆予扈跸来寺初年尚少琳久以苦行闻非琳则常产不必增而寺之众亦不必不隋其教乃数十年来众莫不藉琳以赡而冷斋破衲今之琳与昔日之琳不异此无论其卫道之笃且专而力出己而不以自私要亦恒情所难而士君子有取尔也虽然旗民之所以乐从不倦者岂惧此青龙之潭黄连之树妙严礼拜之甎灵迹有或替与抑

果谓福田利益之可幸致与予闻西山诸寺多创自胜代内官其有毁除后之人不加爱惜若潭柘之基大显于唐华严尊宿为兹山净土康熙中奉敕以修御书榜又有如欧阳子所云云章灿然辉映日月为之肃容再拜而后敢仰视者况遇我皇上翠华载莅先后有御制诗由是景从响应裒所余以畀不足区区之悃固在此不在彼矣而琳之诚适足以动之斯所由与寻常募置者不同日语也孟子曰有恒产者有恒心间考天下都县学田雍正初三千八（百）八十余顷今至万有二千顷而直隶得其什之一其余书院义学皆有田以相养故弦诵起而教化行以予观琳之所为惟欲利济其一宗之教遂竭力以谋所养而获底于成彼逸居苟食不知学者之急治生与夫漫视其学田而不为之所者不诚可愧欤予故质言之以复于琳且以为学宫师弟子劝来琳字宛平氏子今为兹寺监院

赐进士出身诰授光禄大夫经筵讲官吏部左侍郎正黄旗汉军副都统总管内务府大臣兼管国子监事务吉林德保撰并书

乾隆三十三年岁次戊子四月 日建立

202. 经筵讲官议政大臣礼部尚书管理太常寺事物兼总管内务府大臣镶黄旗汉军都统吉林德保撰潭柘岫云寺龙华道场记碑

岫云寺龙华道场碑记

西山潭柘岫云寺琮公以乾隆四十有五年七月望日与亮公敬修龙华道场凡再□目叠云□□□□□□□□□鼓□□震澹民之奉苾芬挈滑贯奔辏来会者盖连□□□□□□琮公亮公皆欲得祭文□纪其盛日曰是会祭自雍正甲辰暨乙卯至乾隆辛酉凡三举距今垂四十年始克续至某力不敷志曷□□任愿必汲汲恐后者维是□为□□□□□□□□□皇上七旬万寿庆溢环澳含甘吮滋靡间梵俗室愿率诸法□稽首寿光佛宇敬愿天子圣德延洪靡极予闻是言敛衽而起曰有是哉师能阐元砉之风万□载之志展显祝之忱缁流云乎哉□□□□□□也□门之教莫尚乎佛吾儒之教莫尊乎君今琮公亮公以佛□之无量祝圣寿之无量□懿斯会也岂仅同于谈妙乘而说辞义哉皇上执冲含和道洽无外曼寿天赐九野均禧爰有天竺金仙度□千亿谓自隆古以来德化所潮未有如大皇帝之滂洋布濩者于是披榛篁度沙塞不远数万里而膜拜于热河行在曰幸希日月之晖光景天地之融祚愿天子亿万斯年为天人主猗欤盛哉如是其慕义而腾欢也岫云寺为西山古刹我皇上尝驻跸銮仪律严阃资入充牣兴此会者能体佛氏西来延厘祝嘏之情悬缯建幢金碧雕莹披毡盈增持华光宇推佛之所敬以敬君敬莫大乎是矣保于演说三乘征会四梵必求其轨乎义秉乎则者乃勒珉以记之亦云慎前

经筵讲官议政大臣礼部尚书管理太常寺事物兼总管内务府大臣镶黄旗汉军都统加一级吉林德保谨记

203. 工部侍郎英和泰山摩崖石刻

嘉庆丁卯夏初英和蒋予蒲同识游踪

204. 皇清诰封资政大夫副都统兼议政大臣吴勒勤图二品夫人吴氏墓碑

（碑阳）

皇清诰封资政大夫副都统兼议政大臣吴公讳勒勤图 二品夫人吴氏墓

（碑阴）

乾隆叁拾叁年岁次戊子仲秋穀旦

长男原任奉天佐领叶何德　次男原任熊岳协领观音保　孙男世袭佐领金永常　□□阿　戴□阿　安同阿　扎拉哼阿敬立

205. 兴京城守尉傅公重修关帝庙碑

（碑阳）

自古圣贤所堪历千古而不磨者惟恃完尽此忠义而已……帝君者其真毫发无憾者哉帝君生于汉末时际倥偬贫……誓同生死先为兄弟后作君臣精忠大义直贯日星迄今……津津然脍炙人口如一日也我朝龙兴之始荷仗威灵诸多显应四庙貌巍盈天下又况兴京为畿辅重地众所其瞻可勿巍焕其制以极一时之盛……满目矣我城守尉傅公莅任以来各兄恻然动念发愿重……能仰体盛意共为捐赀赞成此举而庙貌焕然一新矣……菩萨娘娘及□□药王各神皆护国庇民所宜享祀……而为之随时致祭焉兹当落成之日特撰文勒石为之记……

兴京城守尉记录十……兴京□□城□处理事分府纪……厢黄旗防御七车布　正黄旗防御巴扬阿　正白旗防御拉力赛　正红旗防御倭什可　厢白旗防御□□□厢红旗骁骑校……正蓝旗骁骑校……厢蓝旗骁骑校……正白旗委骁骑校……厢白旗委骁骑校……

盛京左翼□满教习候选训导刘可久……

乾隆三十三年岁次戊子季……

（碑阴）

……总会首骁骑校佛岳　厢黄旗领催马金□（以下略）

206. 加赠太子太保原任湖广总督富明安墓碑

加赠太子太保原任湖广总督富明安碑文

朕惟资锁钥以宣勤端重行臺之任责丝纶而展恤用酬制府之勋每怀勩绩于生前宜备彝章于殁后名垂汗简嫓纪贞珉尔加赠太子太保原任湖广总督富明安矢志精诚程才干练晋郎署含香高奏□之名践职外台馆绥著廉能之誉□效分猷于诸道遂司陈臬于雄疆临江右以开藩治声克懋驻塞□□展力屯务方兴念尔□□早蚤宣于晋省加之频擢用镇抚乎□封朕□修望岳之仪遂荷入疆之庆□□特寄屏翰乎七闽大纛重移待辖钤三楚方倚□之是切□（遽）溘逝之俄闻展祀以时既举雕筵之礼易名有宪复增翠□之辉象厥生平施以今谥表禔躬之有素命益滋恭征奉位之无愆匪懈其恪呜呼政敷七泽念棠舍之犹歌光逮重台庶□松阡之永□丕□休命式示来兹

乾隆三十八年四月□

207. 加赠太子太保原任湖广总督富明安谕祭碑

皇帝谕祭于加赠太子太保原任湖广总督富明安之灵曰重甸宣式寄提封之治才优保障克垂册府之庸念历试之勋名久深眷注征饰终之典礼宜具哀荣尔富明安敬慎持躬精勤奉职练才有素早奋迹于农曹从政为优遂出膺乎方面用备廉能之选洊邀特达之知陈臬攸司既明刑以弼教维藩列职还

布化以承流久从南服以分猷旋向西陲而展力逮移辕于晋土绥驭其勤洎拥节于齐邦拊循克协昨以时巡方岳莅止青郊见表率之有方寔倚毘之倍切位隆总制临闽浙之雄疆续奏贤劳控楚湘之重镇方谓建牙之是赖何图遗表之遽闻爰考彝章用将奠醊呜呼旌麾表望犹思屏翰之勤俎豆延馨式赉几筵之祀维灵不昧庶克歆承

乾隆三十七年十月二十四日

208. 诰赠武翼都尉扎公墓碑（碑阴为诰封碑）

（碑阳）

乾隆三十八年四月

诰赠武翼都尉扎公之墓

（碑阴）

奉天承运皇帝制曰臣子靖共之谊勇战即为敬官朝廷锡恩□忠乃以敬孝尔札□□防吉林协领布蘭太之父人德克教义方有训□发祥之世绪蚤□门□□□风光伐阅惟今乎能娴我略故懋典□□纶章兹以覃恩赠尔为武翼都尉□命于戏显扬既遂壮猷一本于诒谋□□□□□□□□□□制曰臣能宣力爱劳□赖乎严亲子克承家□善□由于□□尔扎库塔乃□□协领布蘭太之母柔顺为仪贤明□□□□□□□□□□□恩沾鸾诰兹以覃恩赠尔为淑人于戏□□□□□□□□□□□永